三訂

キーワードで拓く

新しい特別活動

平成29年版・30年版
学習指導要領対応

日本特別活動学会［編］

東洋館出版社

はじめに

『三訂 キーワードで拓く新しい特別活動
平成29年版・30年版学習指導要領対応』
発刊の趣旨

　特別活動―学級活動・ホームルーム活動，児童会活動・生徒会活動，クラブ活動，学校行事―は，学校生活の基盤をつくる活動です。小・中・高等学校では，教科の学習が重要であることはもちろんですが，児童生徒の自主的，実践的な活動である特別活動で学校生活と人間関係をつくり，秩序と変化をもたらし，子どもたちの活躍の場を設け，自己実現を図るからこそ，日本の学校教育は教科の学習と相まって成果を上げてきたのではないでしょうか。

　このような特別活動に関する基本用語を収集・整理し，意味の明確化を図り，共有化を促進することを目指して，日本特別活動会の編集により，2000年に『キーワードで拓く新しい特別活動』，2010年に『新訂　キーワードで拓く新しい特別活動』が刊行され，特別活動にかかわる教員，行政関係者，研究者に活用されてきました。しかし，このたび，2017年・2018年に学習指導要領が告示されたことに伴い，現在の教育の動向を踏まえて改訂版を刊行することとなりました。

　本書が目指したのは，次の通りです。

＊特別活動の実践や実践研究を本格的に始めようという小・中・高等学校の教員に，実践や実践研究の基盤となる特別活動のキーワードを分かりやすく伝える

＊特別活動の指導法などの授業科目を担当する大学教員に，特別活動のキーワードの定義やその背景となる事項を授業の参照資料として提供する

＊特別活動の授業を受けてより深く特別活動を学びたいと思った大学生，卒業研究や修士論文などで特別活動やその関連領域（生徒指導やキャリア教育など）を研究する大学生や大学院生に研究基盤となる特別活動のキーワードの意味や背景を説明する

001

このように，特別活動のキーワードを分かりやすく解説したものでは
ありますが，特別活動に関する日本で唯一（そして世界で唯一）の学会
で産み出されてきた日本特別活動学会の学問研究の成果を存分に盛り込
んだ，日本で最高水準の特別活動のキーワード集を目指して編集いたし
ました。

　このキーワード集を，研究者のみならず，学校現場で活躍している先
生方，特別活動に関心をもっている学生の皆さんにも活用していただき，
特別活動の研究と実践が発展することを願っております。

キーワード編集委員長　鈴木　樹

INDEX | 三訂 キーワードで拓く新しい特別活動
平成29年版・30年版学習指導要領対応

第1章 新学習指導要領への対応
- 社会に開かれた教育課程と特別活動の改訂 6
- 特別活動で育成を目指す資質・能力 8
- 「主体的・対話的で深い学び」の実現に向けた授業改善 14
- カリキュラム・マネジメントの推進 22　●内容の改善・充実 30

第2章 特別活動の基礎・基本
- 人間形成と特別活動 40　●なすことによって学ぶ 42　●社会性 44
- 集団活動 46　●体験活動 48　●人間関係 50
- コミュニケーション能力 52　●自主的,実践的活動 54
- 自発的,自治的活動 56　●学級文化・学校文化 58
- 発達の段階に即した指導 60　●道徳教育 62　●生徒指導と特別活動 64

第3章 特別活動の内容・関連領域
- 学級活動・ホームルーム活動 68　●児童会活動・生徒会活動 70
- クラブ活動 72　●学校行事 74　●儀式的行事 76
- 文化的行事 78　●健康安全・体育的行事 80
- 旅行（遠足）・集団宿泊的行事 82　●勤労生産・奉仕的行事 84
- 部活動 86　●国旗と国歌の取扱い 88　●ボランティア活動 90

第4章 特別活動の指導方法と指導技術
- 特別活動の全体計画と各活動の年間指導計画 94
- 指導計画と活動計画 96　●学級活動・ホームルーム活動指導案 98
- 児童会活動・生徒会活動指導計画 100　●クラブ活動指導案 102
- 学校行事の指導計画 106　●話合い活動（討議法）108
- 特別活動における教師の指導・助言 110　●個と集団を生かす指導 112
- 特別活動における校長の役割（危機管理を含む）114　●特別活動の評価 116
- 特別活動の授業時数 118

第5章 特別活動実践との関連事項
- 学問としての特別活動（特別活動学）120
- 特別活動の名称（日本特別活動学会の英文名称）122
- 特別活動のあゆみ（1）124　●特別活動のあゆみ（2）127
- 外国の特別活動（欧米）130　●外国の特別活動（アジア）133
- 特別活動 tokkatsu の国際化の動向 136
- 生涯学習社会（社会教育）と特別活動 138　●教員養成と特別活動 140

●教員養成における特別活動の指導法 142　　●現職研修と特別活動 144
●特別活動に関する学会・研究会 146

第6章 ワード解説

§1 特別活動の本質・理念
●生きる力 150　　●創造力(creativity) 150
●批判的思考(クリティカル・シンキング) 151　　●人間としての在り方生き方 151
●人権尊重の精神と特別活動 152　　●ハレとケ 152

§2 学級・集団に関わるキーワード
●フォーマルグループとインフォーマルグループ 153　　●学習集団と生活集団 153
●準拠集団(reference group) 154　　●学級集団・ホームルーム集団 154
●学級風土(class climate) 155　　●朝の会・帰りの会 155　　●小集団活動 156
●ピア・グループ 156　　●班活動 157　　●係活動 157　　●当番活動 158
●集会活動 158　　●異年齢集団活動 159　　●縦割り活動 159
●学年経営 160　　●共同・協同・協働 160
●リーダーシップとフォロアーシップ 161

§3 話合い活動等の手法・機会
●議題(題材・主題) 162　　●ブレーン・ストーミング 162　　●ディベート 163
●シンポジウム 163　　●パネルディスカッション 164　　●グループワーク 164
●ワークショップ 165　　●アイスブレイク 165　　●ファシリテーション 166

§4 生徒指導・生徒理解の理論・実践
●いじめ 167　　●不登校 168　　●学級崩壊 169　　●学業指導 170
●適応と順応 170　　●青年期の理解 171　　●自己有用感・自己肯定感 171
●居場所づくり 172　　●心理検査(Q-U,アセス,等) 172　　●カウンセリング 173
●ガイダンス 173　　●構成的グループエンカウンター 174
●ソーシャル・スキル・トレーニング 174　　●アサーション・トレーニング 175
●ロール・プレイ 175

§5 特別活動とかかわる実践
●基本的な生活習慣 176　　●食育の観点を踏まえた指導 176
●人権教育と特別活動 177　　●いのちの教育 177　　●性的な発達への指導 178
●発達障害 178　　●特別支援教育 179　　●インクルーシブ教育 179
●多様性(ダイバーシティ) 180　　●情報モラル教育とSNS 181
●AIと特別活動 182　　●持続可能な社会を創る(ESD) 182
●総合的な学習(探究)の時間 183　　●職場体験・就業体験 183
●学校図書館と特別活動 184

§6 地域社会とのかかわり
●地域社会と特別活動の連携 185　　●チーム学校 185　　●年中行事 186
●学校間の連携・交流と特別活動 186

§7 調査研究，評価の手法にかかわるもの
●調査研究 187　　●定量的調査・研究方法 187　　●定性的調査・研究方法 188
●観察法 188　　●エスノグラフィー(ethnography) 189　　●自由記述法 189
●事例研究(実践研究) 190　　●アクション・リサーチ(action research) 190

三訂 **キーワードで拓く新しい特別活動**
平成29年版・30年版学習指導要領対応

第1章

新学習指導要領
への対応

平成29年版・30年版の学習指導要領では，「なにができるようになるか」という資質・能力の育成を目指し，「主体的・対話的で深い学びの視点」，「カリキュラム・マネジメント」などの新しい概念が新たに加わった。特別活動では，合意形成と意思決定，キャリア形成，主権者に関する教育，防災など，今まで実施してきたことがいっそう強調されるようになった。第1章では，これらの新しいキーワードについて解説する。　　　　（鈴木　樹）

第1章 新学習指導要領への対応

社会に開かれた教育課程と 特別活動の改訂

1 社会に開かれた教育課程

　中央教育審議会の答申（平成28年12月　以下「答申」）における「社会に開かれた教育課程」の意義は，①教育課程編成の理念を社会と共有，②これからの社会に求められる資質・能力の育成，③人的物的な教育的資源の相互活用や連携・協働であり，その実現を，1）学びの地図としての「学習指導要領の枠組みの見直し」や，2）各学校における「カリキュラム・マネジメント」の活用，3）「主体的・対話的で深い学び」による授業改善を通して目指すとしている。

　特に「社会に開かれた教育課程」で目指す上記②の資質・能力の全体像を，幼稚園教育要領及び小・中・高等学校の学習指導要領の前文で，その内容を以下のように統一し，教科等を越えて各学校段階や初等中等教育全体を通して育成することを明確に示している。

> 　これからの学校には，こうした教育の目的及び目標の達成を目指しつつ，『一人一人の生徒が，自分のよさや可能性を認識するとともに，あらゆる他者を価値のある存在として尊重し，多様な人々と協働しながら社会的変化を乗り越え，豊かな人生を切り拓き，持続可能な社会の創り手となることができるようにすることが求められる。』　　　　　　　　　　（注：中学校部分掲載『　』記号筆者記入）

2 特別活動の改訂

　上記1に基づき，答申第2部第2章「各教科・科目等の内容の見直し」②（p230）では，以下のような特別活動改訂の方向性を示している。

> 　特別活動は，教育課程全体の中で，⑦特別活動の各活動において資質・能力を育む役割だけでなく，④学級活動を通じて学級経営の充実が図られ，学びに向かう学級集団を形成することや，各教科の特質に応じた「見方・考え方」を特別活動の中で実践的な文脈で用いることによって，各教科におけるより「主体的・対話的で深い学び」の実現に寄与する役割や，⑦教育課程外も含め，学級・学校文化の形成等を通じて学校全体の目標の実現につなげていく役割を担っており，これらをバランスよく果たすことが求められる。

上記改訂の方向性は，前文の全体像を具現する基盤になることから，今次の改訂は，社会に開かれた教育課程全体を支える重要な役割を担った改訂と言える。その目標，内容の改善概要は以下の通りである。

(1) 目標の改善

これら方向性の実現に向けて，目標を「人間関係形成」「社会参画」「自己実現」の三つの視点を手がかりに資質・能力を三つの柱に沿って整理し，昭和43年改訂以降継続してきた目標冒頭の「望ましい集団活動を通して」を，課題解決に必要な具体的な学習過程に改め，資質・能力の育成を目指すこととしている。

また，従来のように各活動・学校行事に目標を設定せず，特別活動全体の目標とすることにより，特別活動の全体感を示している。このことにより，従来の体験を通して修得する主観的な資質・能力を客観的な学力へと高めることが期待できるとともに，特別活動で育成を目指す三つの柱のうち(3)は，教育基本法第1条，第2条を直接達成するとともに，前文『　』の育成に色濃く関わることから，教科における「深い学び」を往還するカリキュラム・マネジメントの要としての役割を担うことになる。また，課題解決における学習過程の明示も，育成を目指す資質・能力を意図した指導方法を求めたものと理解される。

(2) 内容の改善

内容構成についての変更はないが，各内容・学校行事の内容項目に，育成を目指す資質・能力に関わる内容を併記し，資質・能力の確実な育成を求めている。また，学級活動における内容項目の整理や小学校における(3)の新設など，小・中・高等学校間の連続性を明確にしている。

3 実践（方法）上の課題

一方，1で述べたような観点からの今次の改訂では，各内容を示す告示文の文末が，従来の「活動を行うこと」から「できるよう指導する」，児童生徒の「活動過程」が「学習過程」，児童生徒への「指導・援助」が「指導」などと変更されている。特別活動の本質に関わる文言等の変更については，誤った実践に傾かないよう，従来の意味・解釈を生かした児童生徒の自主的，実践的な活動を助長する指導観が求められる。

（須藤　稔）

第1章 新学習指導要領への対応

特別活動で育成を目指す資質・能力

1 未来指向型コンピテンシー

　学習指導要領の改訂は，2020年から2030年の社会で生きる子どもを想定して作成された。この時代はグローバル化社会の中で，ITや人工知能の発達により，労働市場の変化が予想される。労働市場の変化は学校で育成する能力観や学習指導のあり方に変化を与える。今回の学習指導要領改訂では，OECD（経済協力開発機構）のPISA調査が根拠資料となる。日本の子どもは根拠や理由を示しながら自分の考えを論理的に説明するのが不得手である。つまり，「思考力・判断力・表現力」に問題がある。これからの社会では，「思考力・判断力・表現力」が必要である。こうした能力を育成するためには，現在学校で行われている学びのスタイルを変える必要がある。教師が子どもに知識を教えるスタイルではなく，「思考力・判断力・表現力」を育成する学びに変える必要がある。そこで，新学習指導要領では，その書き方を教育内容（知識）ベースから「何ができるようになるのか（資質・能力）」という行動目標を示す形に変えたのである。これは今回の学習指導要領改訂の目玉である「主体的・対話的で深い学び」を実現するための工夫でもある。

　ところで，PISA調査の基礎となっているのは「キー・コンピテンシー（鍵となる能力：Key Competencies）」という能力観である。キー・コンピテンシーでは，知識はもはや教育の対象にならない。知識を道具として活用することに教育としての意味があるとしている。つまり「相互作用的に道具を用いる」である。知識を道具として使用し，現実のコミュニケーションのなかで使用していくことである。これが「思考力・判断力・表現力」となる。キー・コンピテンシーは次の通りである。

　① 　相互作用的に道具を用いる。（Using tools interactively）

　　　A 　言語・シンボル・テクストを相互作用的に用いる。

　　　B 　知識や情報を相互作用的に用いる。

　　　C 　技術を相互作用的に用いる。

② 異質な集団で交流する。(Interacting in heterogeneous groups)

 A　他人といい関係を作る。

 B　協力する。

 C　争いを処理し解決する。

③ 自律的に活動する。(Acting autonomously)

 A　大きな展望のなかで活動する。

 B　人生設計や個人プロジェクトを設計し実行する。

 C　自らの権利，利害，限界やニーズを表明する。

(Rychen. D.S.; Salgank. L.H. (2003), *Key Competencies-for a Successful Life and a Well-Functioning Society-*, Hogrfe & Huber, p.p. 85-107.)

　特別活動で育成する資質・能力は，②の「異質な集団で交流する」や③の「自律的に活動する」に相当する。「異質な集団で交流する」は，欧米の移民社会の現実を映し出している。こうした社会では，言語，宗教，文化の違う人間同士が共存している。異質な文化をもった集団同士は，互いに理解し合うのが難しい。しかし，共存しながら，その国の経済と社会を発展させていかなければならない。そこで必要になる資質・能力が，「合意形成を得る」能力である。この「異質な集団で交流する」では，互いに意見が対立した場面における「交渉する」能力も想定されている。日本においてはこうした多文化社会は今のところ実感できない。しかし，少子高齢化で，生産年齢の減少傾向にある日本にとっても，移民政策をどうするかが今後の課題となってこよう。今回の学習指導要領の改訂で，特別活動において，「合意形成」が強調されているのはこうした理由による。また，地球に住む人間全体が共に発展していくためには「社会参画」の資質・能力の育成も重要となる。環境破壊や民族紛争をなくし，人権意識のある平等な社会を構築するためには，人間が共存しようとする意志が重要となる。自らの権利と限界を把握し，全体的な視点で自己と他者が共に発展する全体的視点が必要となる。これはキー・コンピテンシーの③「自律的に活動する」に相当する。さらに，今回の特別活動において強調されている「自己実現」も③「自律的に活動する」に相当する。これは自分の進むべき道を一生という大きな視点のなかで捉えることである。今回の改訂では「現在や将来に希望や目標をもって生きる意欲や態度の形成」としてそれが表れている。

（下田好行）

2 資質・能力の３つの柱

(1) 知識及び技能（何を知っているか，何ができるか）

特別活動の目標(1)「多様な他者と協働する様々な集団活動の意義や活動をする上で必要となることについて理解し，行動の仕方を身に付けるようにする。」が「知識及び技能」に対応する。

ここでのポイントは「実践による知識と技能の理解」である。話し合いの進め方，合意形成・意思決定の方法，チームワークの重要性，集団活動での役割分担等の理解が目的である。方法論的な知識・技能に加え，本質的な理解が重要である。また単なる知識・技能の教授ではなく活動を通して体得させることが重要である。

「知識及び技能」の３つの具体例
(1) 集団活動の理解
(2) 個の知識・技能（基本的生活習慣，学校生活・社会生活のルール・マナー）
(3) 学習の意義の理解，課題解決への意思決定・行動の意義理解，実践

具体例として，(1)集団活動の理解と集団と個との関係の理解(2)個においての基本的生活習慣，学校生活のきまり，社会生活のルール・マナーの理解(3)将来の課題や自立への学習の意義の理解，課題解決への意思決定・行動する意義等を理解，現在自分でできることの意思決定・実践，の３つがある。

(2) 思考力，判断力，表現力等（知っていること，できることをどう使うか）

「集団や自己の生活，人間関係の課題を見いだし，解決するために話し合い，合意形成を図ったり，意思決定したりすることができるようにする」の目標(2)が「思考力，判断力，表現力等」に対応する。

ここでのポイントは「課題解決の実践とその過程での思考力，判断力，表現力等の育成」である。１の知識・技能を用いて，「課題を見いだす→話し合う→実践する→振り返る」の一連の学習過程を実践し，その経験や学習の過程において思考力，判断力，表現力等を育成する。

具体例として，(1)人間関係をよりよく形成するために，コミュニケーションを図り，協働していくことができる(2)集団や社会の問題を把握

し，合意形成を図り，よりよい解決策を決めて取り組むことができる(3)
自己実現のために現状を理解し，自己の生き方を選択・形成することが
できる，の3つがある。

「思考力，判断力，表現力等」の3つの具体例
(1) 人間関係形成のためのコミュニケーションや協働
(2) 集団による問題解決のための取り組み
(3) 自己実現のための選択・形成

⑶ 学びに向かう力，人間性等（どのように社会・世界と関わり，より よい人生を送るか）

「自主的，実践的な集団活動を通して身に付けたことを生かして，集
団や社会における生活及び人間関係をよりよく形成するとともに，自己
の生き方についての考えを深め，自己実現を図ろうとする態度を養う。」
の目標(3)が「学びに向かう力，人間性等」に対応する。

ここでのポイントは「自主的，実践的な態度の育成」である。特別活
動では，集団活動の意義や役割を理解し，多様な他者と関わる上で，
様々な活動に自主的，実践的に関わろうとする態度を養うのである。

具体的には，(1)多様な価値観を受け入れ，協力し合い，よりよい人間
関係を築こうとする態度(2)集団や社会の形成者として，多様な他者と協
働し，諸問題を解決し，よりよい生活をつくろうとする態度(3)自己の在
り方を考え，生き方や職業を主体的に考え，選択する態度などを養うの
である。

「学びに向かう力，人間性等」の3つの具体例
(1) 多様な価値観を受け入れ，よりよい人間関係を築こうとする態度
　　（人間関係）
(2) 多様な他者と協働し，諸問題を解決し，よりよい生活をつくろうと
　　する態度（社会生活）
(3) 自己の在り方を考え，生き方や職業を主体的に考え，選択する態度
　　（自己探求）

（上岡　学）

3 指導する上で重要な3つの視点

(1) 指導する上で重要な3つの視点

「人間関係形成」「社会参画」「自己実現」である。

下図は，中央教育審議会初等中等教育分科会教育課程部会特別活動ワーキンググループにおける「審議の取りまとめ」において示された，3つの視点の説明と，それぞれの関係についてまとめたものである。これら3つの視点が，特別活動のもつ，「個人と個人，個人と集団や社会との関わりの中で，互いのよさ可能性を発揮しながらよりよく成長することを目指す」という特質から整理されたものであることや，3つの視点が相互に関連しており，明確に区別されるものではないことが分かる。

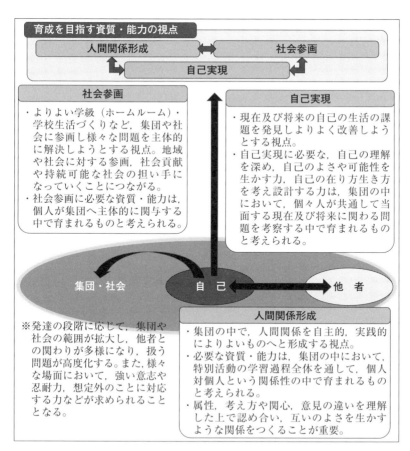

資料　特別活動において育成を目指す資質・能力の視点について

⑵ ３つの視点を重視した集団活動の構想

○　目指す児童生徒の姿を具体的に思い描く

　まず，児童生徒一人一人のよさや可能性，課題等について，「知識及び技能」「思考力，判断力，表現力等」「学びに向かう力，人間性等」それぞれについて，「人間関係形成」「社会参画」「自己実現」の３つの視点で捉えることから始めたい。

　そして，今回実践する内容から，各児童生徒にとって，どのような成長が期待できそうか，具体的に思い描いていく。一人一人の顔を思い浮かべながら，「こんな喜びを得られるのではないか」「こんな障害を乗り越えてくれるのではないか」と期待を膨らませていくとよい。その際，国語や社会といった各教科等で育成する資質・能力との関連に留意し，本来，他の教科等で扱う内容まで児童生徒に要求することがないようにしなければならない。また，特別活動の各内容との関連について留意し，このタイミングでどこまで成長を望むのか検討することも大切である。

⑶ 集団活動の過程において体得できるようにする

　特別活動は「なすことによって学ぶ」を方法原理としている。目指す児童生徒の姿が具現化するよう，教師が手取り足取り指導するのではなく，児童生徒自身が自主的・実践的に活動に取り組む中で，結果として身に付けていくようにすることが大切である。

　そのため，一連の集団活動の過程において，望ましい「人間関係形成」「社会参画」「自己実現」に向かうことができるよう，教師は見守り，調整していく必要がある。

　また，児童生徒が自身の成長に気付き，意識的に資質・能力を活用していくことができるようにするためにも，活動の振り返りを充実し，「人間関係形成」「社会参画」「自己実現」の３つの視点による自己評価・相互評価を積み重ねていきたい。

⑷ 児童生徒一人一人の多様な成長を認める

　教師は，児童生徒一人一人の成長への期待が強くなればなるほど，事前に想定した変容が見られなかったことを失敗と捉えてしまいがちである。しかし，児童生徒の成長の仕方は十人十色であり，一つの体験から得る学びも多種多様である。そこで，児童生徒が実際に集団活動に取り組んでいる姿と教師が事前に思い描いた目指す姿とのギャップをもとに，児童生徒理解をより深めていくことが大切である。そして，今後の特別活動や各教科等の指導に生かしていくことで，効果的なカリキュラム・マネジメントを展開していきたい。

（橋本大輔）

第1章 新学習指導要領への対応

「主体的・対話的で深い学び」の実現に向けた授業改善

1 アクティブ・ラーニングの視点

⑴アクティブ・ラーニングの提唱

　2013（平成25）年11月，中央教育審議会（中教審）に次期教育課程の基準等の改訂について文科大臣の諮問がなされた。その文中に示されたアクティブ・ラーニング（AL）の提唱が，新学習指導要領の基本の考えとされた。

　当初，その影響は大きく，その学習形態は教師主導の講義式の一方的な知識伝達の授業から，学習者中心の能動的な学習活動重視への転換を示すものと考えられた。ALによる授業の展開が「学びの質の深まり」をもたらすと期待されたのである。

　子供が将来的に自立できる存在になるためには，確かな知識・技能を身につけ，実社会や実生活にその力を活用できることが大切である。そのような「力」をどう獲得するか，受け身の学習態度では不可能であって，ALは自ら学ぶ主体の確立や他者と協働しながら解決を目指すプロセスを通して，課題解決の方略を身につけることを意味していた。

　ALを基本として中教審が提示したのは，学力形成のさらなる進化であって，従来の学力の3要素である「基礎的な知識・技能」「思考力・判断力・表現力等」「主体的に学習に取り組む態度」から学力の3つの柱へと転換である。それは「何を知っているか，何ができるか（個別の知識・技能）」「知っていること・できることをどう使うか（思考力・判断力・表現力等）」「どのように社会・世界と関わり，よりよい人生を送るか（学びに向かう力・人間性等）」とする新たな学力観の提示である。

⑵アクティブ・ラーニングと「主体的・対話的で深い学び」の関連

　しかし，ALを提唱するだけで3つの柱に示されるような新たな教育実現が図られるのではない。むしろ，教師がアクティブという言葉を額面どおり受けとめて「活動させればよい」と判断するのではないか，と危惧された。「活動あって学びなし」に陥ることへの指摘である。

014

そこで必要とされるのが AL を実際の授業に生かす学習プロセスである。そのプロセスで重視されたのが「主体的な学び」「対話的な学び」「深い学び」である。新学習指導要領には AL の文言が登場しなくなり，すべて「主体的・対話的で深い学び」に統一された。

ただ，AL は「主体的・対話的で深い学び」の基本であることは変わらない。子供がアクティブに活動することは，単に話合いなど何らかの活動をすることのみを意味しない。子供個々が学習課題の解決に向けて自発的・積極的に学び続けることが重要である。何よりも子供個々が主体的に学ぶ姿勢を重視する。AL が「能動的」と言われるゆえんである。

したがって，子供が学習課題に仲間と協働しながら能動的に取り組む姿を重視する授業展開を目指すことが大切なのである。

⑶ 特別活動とアクティブ・ラーニング

AL は特別活動においてどう考えられ，どう実施されるであろうか。

新学習指導要領の特別活動は，何よりも「集団や社会の形成者」を育成することを求め，「様々な集団活動に自主的，実践的に取り組み，互いのよさや可能性を発揮しながら集団や自己の生活上の課題を解決する」ことを通して，資質・能力を育むことを目指すとされている。

これまでも特別活動は，自主的・実践的・集団的な活動を主にする学習であって，AL の導入は容易に受容できるものである。

そこで重視したいのは，特別活動に期待されている3つの視点がある。「人間関係形成」「社会参画」「自己実現」である。それらの視点を持ちながら，「集団や社会の形成者としての見方・考え方」を学ぶ。

それは自主的，実践的・集団的に学ぶ姿としての AL そのものである。

例えば，特別活動によって形成される力は，各教科で身につける学力とは異なって，「人間関係形成力」「コミュニケーション力」「チームワーク力」「粘り強さ」「主体的行動力」「責任感」など極めて多様である。最近，人間力として「非認知能力」が重視されているが，特別活動で育む力としての関連性は極めて大きい。

その意味で，特別活動と AL との関連を重視しながら，より質の高い特別活動を目指すことが今後の課題である。何よりも特別活動は実社会や実生活との関連を持つことが多く，「人間関係形成」「社会参画」「自己実現」などは実際の特別活動に活かされやすいのである。特別活動の新たなチャレンジが求められるのである。　　　　　　　（高階玲治）

2 学習の過程

(1)「主体的・対話的で深い学び」の実現に向けた学習の過程

　平成29・30年版新学習指導要領において,「主体的な学び」を実現させるための要件として,学ぶことへの「興味・関心」「見通し」「粘り強い取組」「自己の学習活動の振り返り」「次につなげること」等があげられている。

　「対話的学び」については,「子供同士の協働」「教職員や地域の人との対話」「先哲の考え方との対話」「自己の考えの広がり・深まり」等があげられ,「深い学び」については,「習得・活用・探究」の学びの過程において「各教科等の特質に応じた見方・考え方を働かせること」「知識を相互に関連付けての深い理解」「情報を精査しての考えの形成」「問題発見と解決策」「思いや考えを基にしての創造」等があげられている。

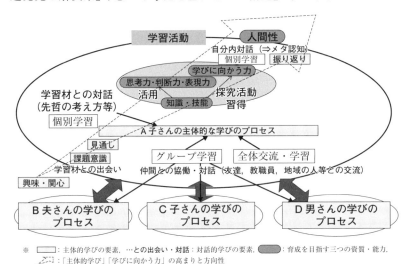

【図1】　子供一人一人の「主体的・対話的で深い学び」に向かう学習の過程

　【図1】に示すように,子供一人一人が,学習への興味・関心をもち,学習材との出会いによる学習内容に対する課題意識,学習への見通しをもつこと,学習活動についての振り返りまでの活動を,子供自身が「自分の学び」と捉えて行うことが主体的な学びにつながると考えられる。

　また,対話の対象は,仲間,教職員,地域の人といった「自分とかか

わる人」の他に、「先哲の考え」「学習材」「出来事」といった自分が出会う「物事・事象」が考えられる。また、「自己との対話」も大切であり、「人」「学習材」等との対話を通して学び取った内容をもとに、自己内対話を行うことにより自己の考えを広げ深めることができると考える。

そして、子供自身の課題意識の明確化から、学習材や仲間との対話を通して習得した知識・技能を活用した探究活動、活動の振り返りまでの一連の学習の過程を通して、一人一人の学びが深まり、「思考力・判断力・表現力」「学びに向かう力」「人間性」の高まりが図られると考える。

こうした「主体的・対話的で深い学び」は、子供一人一人に確実に保障されることが必須である。教師は目の前の子供たちを学習集団ととらえがちな側面もあるが、子供一人一人の自主的で自発的な学習活動と学びの質の向上を「第一」とするよう、教師自身の意識改革が必要とされる。

(2) 特別活動における「主体的・対話的で深い学び」とは

特別活動における「主体的・対話的で深い学び」実現のための要件も基本的に前述の捉えと同様であるが、特質として次の点があげられる。

◇ 「集団や社会の形成者としての見方・考え方」を働かせての活動展開
◇ 「人間関係形成」「社会参画」「自己実現」の三つの視点の重視
◇ 子供同士の話合い活動や子供の自主的で実践的な活動の重視
◇ 「集団活動（体験活動、実践活動等）」を前提とすること
　　⇒「なすことによって学ぶ」を通しての体得の重視
◇ 多様な他者との交流や対話による「合意形成」「意思決定」の重視
◇ 学んだことを将来の集団・社会生活につなげること　等

---

(3) 特別活動における「主体的・対話的で深い学び」に向けた学習の過程

基本的に、【図1】に示した学習の過程と同様と考えるが、特別活動においては、【図2】に示すように、「事前の活動⇒本時の活動⇒事後の活動」の一連の流れを学習の過程として捉える。

また、「①問題の発見・確認⇒②解決方法等の話合い⇒③解決方法の決定⇒④決定事項の実践⇒⑤振り返り」という学習の過程は、各活動、学校行事を通じてほぼ同様の流れである。

こうした学習の過程において、第一に、子供自身の「生活上の問題の発見」「問題の意識化」が重要であり、そのことが「主体的学び」の前提となる。そして、課題意識に基づいて行った実践について振り返るこ

	学級活動(1)	学級活動(2)(3)	生徒会活動	学校行事
事前の活動	①問題の発見・確認 ・学級・学校生活上の諸問題からの課題発見 ・課題解決の必要性の共有 ・学級全員での議題決定 ・活動計画の作成 問題の意識化	①問題の発見・確認 ・日常生活や自己課題目標，キャリア形成，自己実現の内容 ・題材・問題の確認 ・課題・解決への見通し 問題の意識化	①問題の発見・確認，議題の選定 ・生徒評議会，各種委員会等での問題発見・確認 ・生徒総会での年間取組計画設定・報告等の提案 ・活動の決定，計画作成 学校生活の向上に向けての目標の共有	①行事の意義の理解 ・現状把握，議題確認，目標設定 ②計画や目標についての頃合い ・活動目標，計画，内容，役割分担等の話合い ③目標・内容の決定 合意形成や意思決定
本時の活動	②解決方法等の話合い ③解決方法の決定 ・提案理由の理解 ・原因や具体的解決策，役割分担に関する内容 ・一人一人の思いや願いに基づく意見の出し合い，分類，比べ合い 対話による合意形成	②解決方法等の話合い ③解決方法の決定 ・題材や自己の問題状況，課題の把握 ・原因や具体的解決策についての話合い ・共有化した解決策に基づく自己の解決策の決定 個人の意思決定	②解決方法等の話し合い ・課題や解決策の話合い ・生徒総会等での議題に関する解決策の説明 ③解決方法の決定 ・解決方法・活動内容についての協力しての決定 ・各種委員会や学級での取組の決定 異年齢集団での合意形成	④体験的な活動の実践 ・異年齢集団等他者との協力による実践 ・生徒会活動との連携 ・生徒の自発的・自治的活動の場の設定 自主的運営の重視
事後の活動	④決定事項の実践 ・互いのよさを生かし，責任をもって協働 ⑤振り返り ・実践の定期的振り返り ・結果分析し次の活動へ ・実践の継続 次の課題解決へ	④決定事項の実践 ・互いのよさを生かし，責任をもって協働 ⑤振り返り ・実践の定期的振り返り ・結果分析し次の活動へ ・実践の継続 次の課題解決へ	④決定事項の実践 ・決定事項の学級や委員会への周知等 ⑤振り返り ・実践の定期的振り返り ・結果分析し次の活動へ ・実践の継続 次の課題解決へ	⑤振り返り ・振り返りに基づくまとめ・発表 ・結果分析し次の行事や次年度の活動へ ・実践の継続や新たな課題の発見 次の課題解決へ

【図２】 特別活動における「主体的・対話的で深い学び」に向けた学習の過程

とを通してよりよい点や改善点に気付くような学習の過程を工夫することで，集団や自己の「新たな課題の発見」「目標の設定」が可能となり，次の活動への動機付けとなる。「主体的な学び」につながると考える。

そこで，振り返りにおいては，教師が，活動のねらいや子供に求める資質・能力に基づき，振り返りの視点を適切に与えることが必要となる。

また，学級や異年齢の子供や地域の人等，多様な他者との様々な集団活動での対話や交流，協働を通して「合意形成」「意思決定」を行い，感動を共有する体験活動や実践活動の過程で，他者の様々な考え方に触れて自分の考えを発展させ，課題について多面的・多角的に考えられるようになる。「対話的な学び」が深まり，「人間関係形成」の力も高まる。

子供たちは，これまでの様々な学習を通して身に付けた見方・考え方や資質・能力を総合的に活用，駆使して問題の解決策を探究し，解決策

を見いだすために，お互いの考えのよさを交流し，対話を通して協力して合意形成を行う。その中で，自己のキャリア形成とのかかわりで，自分が成長しているという実感をもつことができる。子供たちに，自ら生活上の問題に気付き，課題意識をもち，話し合ったことにより，自分たちの明日の生活がよりよく変わるという実感をもたせたいと考える。

　学校行事においても，子供自身に計画や運営を任せ，自主的・自発的な活動が促進されるような場を工夫することが，「主体的学び」や「深い学び」につながる。いずれの活動においても，子供が自発的，自治的な学級や学校の生活づくりを実感できるような一連の活動を意識して指導の改善を図ることが重要である。

　また，教科や総合的な学習の時間等との関連を図った学習の過程を構想し，それぞれの学習の過程において育成する資質・能力を明確にして意図的，計画的に指導に当たることが，「深い学び」の実現につながる。

　学校行事等の場合も，「本時の活動」は数日に渡ることもあり，また，「事前の活動」として，教科等の学習や行事に向けての学級活動での話合い，役割分担等の準備が考えられる。「事後の活動」も，活動結果の振り返りに基づくまとめとして，教科学習への発展や生徒集会での全校への発信等が考えられる。長期間に渡る学習活動が想定されるのである。

　そう考えていくと，年度当初，子供と1年間の学級・学校生活の流れについて共通理解を図り，見通しをもつことで，子供自身が，年間の活動についてある程度の構想をもち計画を立てることができる。子供なりの学校生活のストーリーが構成される。子供自身がその願いや期待に基づいて描く学級・学校生活や取組の1年間のストーリーやイメージが重要であり，この子供自身の学級・学校生活や取組への願いや期待こそが，「主体的で対話的で深い学び」の実現の原動力となる。このように，学習の過程を長期的にとらえた展開も重要であると考える。

　こうした体験活動や実践活動が，子供たちの今の生活における社会参画そのものであり，また，将来の集団や社会の形成者としての集団・社会生活への参画，資質・能力の発揮や自己実現につながっていく。

　集団活動を前提とする特別活動ではあるが，個々のキャリア形成の方向性と将来の集団・社会生活へのつながりに配慮しながら，「学習の過程」を工夫し，子供一人一人の「主体的・対話的で深い学び」の実現に向け，さらなる授業改善を図っていきたいと考える。　　　（及川芙美子）

3 集団や社会の形成者としての見方・考え方

(1) 学習指導要領解説に示された授業改善・充実の視点

　新学習指導要領の解説特別活動編では，学習指導の改善・充実の視点の一つに，「特別活動の深い学びとして，児童生徒が集団や社会の形成者としての見方・考え方を働かせ，様々な集団活動に自主的，実践的に取り組む中で，互いのよさや個性，多様な考えを認め合い，等しく合意形成に関わり役割を担うようにすること」が重視されている。

(2) 集団や社会の形成者としての見方・考え方とは？

　解説では，「『集団や社会の形成者としての見方・考え方』を働かせるということは，各教科等の見方・考え方を総合的に働かせながら，自己及び集団や社会の問題を捉え，よりよい人間関係の形成，よりよい集団生活の構築や社会への参画及び自己の実現に向けた実践に結び付けること」と示されている。

　学級・ホームルームや学校は，児童生徒の身近な社会であり，社会とは「人と人のつながり」を意味する。児童生徒は，この身近な社会で様々な人との関わりの中から自己や組織の課題を発見し，解決する活動を通して，自己や組織をよりよく開発・改善していくことを学ぶ。すなわち，学級・ホームルームや学校という身近な社会における自己と他者との出会いの中から課題を積極的に見出し，各教科等で学んだことを生かして，よりよい社会（組織）やよりよい自己となるように取り組む志向性が，「集団や社会の形成者としての見方・考え方」ということができる。そして，よりよい社会（組織）とよりよい自己を目指すことは，平和で民主的な社会の形成者となることに他ならない。すなわち，集団や社会の形成者とは，「平和で民主的な国家及び社会の形成者」（教育基本法第1条）を意味しており，特別活動は，各教科等の学びを，教育基本法に示される教育の目的を達成するための資質・能力につなげる実践的な活動の場であるといえる。

(3) 主体的・対話的で深い学びの実現と授業改善

　主体的・対話的で深い学びの実現には，児童生徒が自ら課題の設定をし，活動を行い，ふりかえり，次の課題を明らかにするという一連の学習過程を，特別活動における「実践」と捉え，大切にすることである。特別活動では，実践的活動を重視するあまり，「活動ありき」で，〈何の

ために〉活動を行い，そこから〈何を〉身につけ，〈どのような〉質の学びを保証するか，という点に課題が指摘されることもあった。例えば，運動会で学校全体が盛り上がっているように見えて，その実，運動のできない児童生徒が嘲笑の対象となっているような事態である。特別活動における様々な集団活動は「もろ刃の剣」であり，平和で民主的な社会とは真逆の人権侵害の温床になることがある。また適応や成長と健康安全，学習やキャリア形成に関わる学級活動(2)や(3)では，講演会等による一方的な講義のように，児童生徒が受動的に聞くだけの時間として扱われ，自主的，実践的態度につながらない授業が行われているという問題もあった。そのため，活動を実践と捉えるのではなく，計画から振り返り改善するまでの一連の過程を実践と捉え，その教育活動の「質」を高めることが肝要である。

　すなわち，主体的・対話的で深い学びとは，児童生徒が生活上の課題を見出し，学校生活を含めた自らの生活をより豊かで実りの多いものとする活動において実現するものである。端的にいうならば，集団や社会の形成者としての見方・考え方を働かせるための授業改善の視点とは，一連の学習過程という実践の中で，学級や学校における人と人のつながりが平和で民主的なつながりとなり，心身共に健康で安全な生活を送れるように，頭と心と体を動かしながら自己を高める学習過程を計画・工夫し，向上させることである。

　そのためには，まず学級や学校における集団活動を通して，生活上の諸課題を見いだし解決できるようにすることと，その効力感をもたせることが大切である。中でも，特別活動の基盤である学級活動における課題の設定において，集団での合意形成を図る内容（学級活動の(1)），あるいは個人の意思決定を目指す内容（学級活動の(2)及び(3)）の違いを明確に意識した話合い活動と実践を充実させる必要がある。その過程で児童生徒は，合意形成を図る話合い活動を通じて，平和で民主的なつながりを高めながらみんなで決めたことをやりぬく。また意思決定を図る話合い活動を通じて他者の考えや取り組みにふれながら自己を高めるための目標を定め，やりぬく。この実践を通じて育まれる集団的効力感と自己効力感のサイクルが，特別活動における主体的・対話的で深い学びのさらなる実現に寄与するのである。

（白松　賢）

第1章 新学習指導要領への対応

カリキュラム・マネジメントの推進

1 カリキュラム・マネジメント

(1) カリキュラム・マネジメントとは

　今回の学習指導要領の改訂では，全ての教科・領域等で育成すべき資質・能力として「知識・技能」，「思考力・判断力・表現力等」，「学びに向かう力・人間性等」の「三つの柱」が示され，これらをバランスよく育むことが求められている。そのためには，全ての教科・領域等でそれぞれの学習内容と共に「三つの柱」によって示された資質・能力をも育む教育課程を作成し授業を行い，成果を評価し，教育課程の再構成や授業改善につなげることで新たな教育を構築していくことが求められている。このことがカリキュラム・マネジメントと呼ばれている。

　また，学習指導要領総則第1の4では，以下のように示されている。

> 4　各学校においては，児童や学校，地域の実態を適切に把握し，教育の目的や目標の実現に必要な教育の内容等を教科横断的な視点で組み立てていくこと，教育課程の実施状況を評価してその改善を図っていくこと，教育課程の実施に必要な人的又は物的な体制を確保するとともにその改善を図っていくことなどを通して，教育課程に基づき組織的かつ計画的に各学校の教育活動の質の向上を図っていくこと（以下「カリキュラム・マネジメント」という）に努めるものとする。

(2) カリキュラム・マネジメントにおける三つの側面

　中央教育審議会答申（平成28年12月）「幼稚園，小学校，中学校，高等学校及び特別支援学校の学習指導要領等の改善及び必要な方策等について（答申）」では，三つの側面から整理して示されている。

　　①　教育の目的や目標の実現に必要な教育の内容等を教科等横断的な視点で組み立てていく

　　　今回の改訂では，児童一人一人に必要な資質・能力が育まれるようにするために，「何を学ぶか」という教育の内容を選択し組織するとともに，その内容を学ぶことで「何ができるようになるか」という育成を目指す資質・能力を指導のねらいとして明確に設定して

いくことが求められている。そのため，教育課程の編成に当たっては教科横断的な視点に立った資質・能力の育成を教育課程の中で適切に位置付けていくことや教科間等のつながりを意識して教育課程を編成することが求められている。さらに，総合的な学習の時間においても，教科等の枠を越えて横断的・総合的に学習が行われるようにすることが求められている。

② 教育課程の実施状況を評価して，その改善を図る

　教育課程における P-D-C-A サイクルに基づき，教育課程の実施状況を分析・評価し，よりよく改善していくことが求められている。そのためには，各学校において児童生徒や学校・地域の実態を各種の調査結果やデータ等により現状をしっかりと把握する必要がある。このような過程を通して，教育目標の実現状況や教育課程の実施状況，児童生徒の学びの実態などを把握することにより，課題が明確になり授業改善や教育課程の改善につなげていくことで，より組織的・計画的な取組へと広げていくことができる。

　教育課程の実施に必要な人的又は物的な体制を確保する

　教育課程の実施に当たっては，学校規模，教職員の状況，施設設備の状況などの実態を十分に考慮し，人材や予算，時間，情報といった人的又は物的な資源を，教育の内容と効果的に組み合わせることが重要である。そのためには，教師の指導力，教材・教具の整備状況，地域の教育資源や学習環境などについて，具体的に把握し，教育課程に生かすことが必要である。

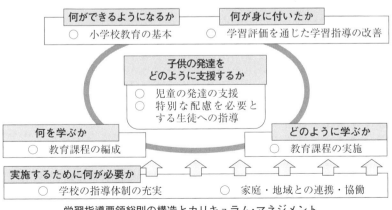

学習指導要領総則の構造とカリキュラム・マネジメントのイメージ（同答申補足資料）

（松田　修）

2 学級経営・ホームルーム経営

　学校における教育活動は，多くが学級・ホームルームという集団を通して行われ，その集団がどのような集団であるかということが教育活動の成果を左右する。一方，特別活動は，学習指導要領の目標にもあるとおり，集団づくりを行う活動であり，学級・ホームルーム集団をどのような集団にするのかということに直接関係し，ひいては，学級経営・ホームルーム経営に対して重要な役割を担う。その際，「学級活動（ホームルーム活動）における児童（生徒）の自発的，自治的な活動」を中心として，「各活動や学校行事を相互に関連付けながら」学級経営の充実が求められる（『小学校学習指導要領解説　特別活動編』p.144）。

　学級経営・ホームルーム経営の内容は，①学級・ホームルーム目標，②学級・ホームルームの組織，③学習指導，④生徒指導，キャリア教育，学級・ホームルームの人間関係，教育相談，⑤健康・安全，⑥教室環境，⑦家庭との連携・連絡，⑧学級・ホームルーム事務などから成る。これらと特別活動との関係は以下の通りである（⑧学級の事務は省略）。

①学級目標

　教師が設定する教育目標に基づき，児童・生徒が自らの手で，目標を設定するのは，学級活動・ホームルーム活動である。

②学級の組織

　学級活動・ホームルーム活動で，学級・ホームルームの席，班（生活班），当番，係，委員会担当者を決め，その役割の意義を理解する。

③学習指導

　教科等の時間の中での学習指導の指導に加え，学級活動・ホームルーム活動(3)には，児童・生徒の「主体的な学習態度の形成」がある。また，「集団の中で学ぶ」という学校教育の特質を生かした「学業指導」（p.170参照）においても，特別活動は教科等の学習指導の基盤をつくる。

④生徒指導，キャリア教育，人間関係，教育相談

　個性の伸長，社会的資質や行動力を高める，人格のよりよき発達，学校生活がすべての児童生徒にとって有意義で興味深く，充実したものになることを目指し，自己実現を図るという生徒指導は，学校教育の機能として学校の教育全体を通じて行われるものであるが，特別活動の内容を見れば，これらと深く関わっていることがわかる。学習指導要領で

も，「いじめの未然防止等を含めた生徒指導との関連を図るようにすること」としている。キャリア教育との関連についても，「児童生徒が，学ぶことと自己の将来とのつながりを見通しながら，社会的・職業的自立に向けて必要な基盤となる資質・能力を身に付けていくことができるよう，特別活動を要としつつ各教科等の特質に応じて，キャリア教育の充実を図ること」と規定され，学級活動・ホームルーム活動(3)は，「一人一人のキャリア形成と自己実現」となっている。

⑤健康・安全

健康・安全に関することは，保健体育等の教科以外に，学級活動・ホームルーム活動(2)，児童会や生徒会の委員会（保健委員会など），健康安全・体育的行事などを通して，現実の課題として取り組む。

⑥教室環境

学級目標，児童生徒の目標と成長，児童会活動・生徒会活動や学校行事を通した学級・ホームルームの思い出や成果は，教室内の掲示で「見える化」することができる。清掃や整理整頓も学級活動・ホームルーム活動によるところが大きい。

⑦家庭との連携・連絡

一例を挙げると，学校行事が家庭との連携・連絡の役割を担っている。

　「教育課程に基づき組織的かつ計画的に各学校の教育活動の質の向上を図っていく」というカリキュラム・マネジメントの実施に当たり，「校務分掌に基づき教職員が適切に役割を分担」することが求められるが，このように，教育活動の質の向上を目指して，学級・ホームルーム担任が担う学級経営・ホームルーム経営において，特別活動の果たす役割は大きいことがわかる。

【参考文献】

・埼玉県教育局東部教育事務所「学級経営案の作成と活用」，
https://www.pref.saitama.lg.jp/g2204/documents/616211.pdf（2019年2月15日閲覧）.

・スクールプランニングノート制作委員会・OGA学級づくり研究会編『小学校学級経営計画ノート』，学事出版，2018年.

※同社から，中学校，高等学校に関するものも刊行されている。

（鈴木　樹）

3 各教科等との関連

(1) カリキュラム・マネジメントと特別活動

① カリキュラム・マネジメントの重要性

カリキュラム・マネジメントは，各学校の教育活動の質の向上を目指して教育課程を中心に，組織的かつ計画的に実施するものである。教育課程とは，あらゆる教育活動を支える基盤になるものであって，学校教育の目的や目標を達成するために，教育の内容を児童生徒の心身の発達に応じ，授業時数との関連において総合的に組織した各学校の教育計画である。下線：小・中学校学習指導要領（平成29年告示）高等学校学習指導要領（平成30年告示）解説総則編（以下，学習指導要領総則）引用

そして，この教育計画の編成にあたっては，a 教育の目的や目標の実現に必要な教育の内容等を教科横断的な視点で組み立てていくこと。b 教育課程の実施状況を評価してその改善を図っていくこと。c 教育課程の実施に必要な人的又は物的な体制を確保するとともにその改善を図っていくこと。と，カリキュラム・マネジメントの3つの側面が学習指導要領の総則には示されている。

② カリキュラム・マネジメントにおける特別活動

この側面から，特別活動と各教科等との関連をみると，a の教科横断的な視点から教育内容を組み立てるということは，「環境教育」や「健康教育」，「食育」，「国際理解教育」，「福祉教育」，「国際理解教育」などの今日的な教育課題を充実させることによって学校の特色化を図ろうとする学校や小中一貫教育に取り組んで「キャリア教育」を充実させようとする学校，生徒指導上の問題を解決しようと取り組んでいる学校などにおいて，学級活動・ホームルーム活動(2)(3)の学習と体育科・保健体育科，家庭科・技術家庭科，総合的な学習の時間・総合的な探究の時間等の学習と組み合わせることが考えられる。そして，c については，a において組み合わせた学習を一層豊かに展開するために，地域の「ひと・もの・こと」を効果的に活用するということである。このような教育活動が学校の教育の目的や目標を達成するものとして展開されたのかを，計画，実践，評価，改善のサイクルで評価するのが b に示された内容である。

⑵ 特別活動と各教科等とのカリキュラム・マネジメント

① 「食育」で学校の特色を図るカリキュラム・マネジメント例

食育は，食事の重要性や食と心身の健康，食品を選択する能力，感謝の心，社会性，食文化などについて学ぶことを通して，望ましい食習慣を形成する。このような教育活動を充実させるためのカリキュラム・マネジメントは，家庭科・技術家庭科，体育科・保健体育科の学習はもとより総合的な学習の時間・総合的な探究の時間と学級活動(2)・ホームルーム活動(2)の組み合わせが考えられる。

学級活動(2)・ホームルーム活動(2)は「日常の生活や学習への適応と自己の成長及び健康安全」に設定された，小・中学校の「食育の観点を踏まえた学校給食と望ましい食習慣の形成」で，高等学校の「生命の尊重と心身ともに健康で安全な生活態度や規律ある習慣の確立」の内容で，食に関する学習を推進することができる。各教科等の学習で食に関する科学的な認識を理解し，学級活動(2)・ホームルーム活動(2)の学習で食に関する自己指導能力を形成することができる。また，これらの学習に栄養教諭や学校栄養職員，地域の生産者等の協力を活用することによって各学校の食育を一層充実することができる。

② 「キャリア教育」の推進を図るカリキュラム・マネジメント例

学級活動(3)・ホームルーム活動(3)は「一人一人のキャリア形成と自己実現」の学習で将来の生き方に関する課題を解決するための方法を意思決定して実践する活動である。

キャリア教育は全教育活動で推進するが，今回の改訂で，特別活動がキャリア教育の要としての役割を担うことが示された。キャリア教育の要ということは，キャリアの視点からの教科等の学習や日常のキャリア教育の視点からの指導を補ったり，深めたり，まとめたりするということである。例えば，「係活動や当番活動で責任を果たしていること。」や「みんなで決めたこと協力して取り組むこと。」の大切さを道徳科の学習で学んだ児童生徒は，学級活動(3)・ホームルーム活動(3)の学習で働くことの意義や大切さについて体験的に学ぶとともに，これからの将来における自分なりの行動目標を意思決定して実践することを通して，キャリア形成に関する自主的・実践的な態度を形成することができる。

（脇田哲郎）

4 他校種との接続

　就学前教育から初等，中等，高等教育にわたる学校教育体系を構成する各学校種は，それぞれ発達や学習の程度・状況に応じた固有の役割を持ちつつ，全体として国家の教育制度を形成している。これら異なる学校種が一つの制度として，より一層の効果的，効率的な達成を図ろうとする際に，学校間の接続 articulation の問題が生まれる。

　わが国では少子化傾向が続くなか，高等教育機関（大学・短大・高専・専門学校）への進学率は1978年度にユニバーサル段階である50％に到達し，以後上昇傾向をたどり2017年度には80％を超えた。

　いわゆる「大学全入時代」が間近に迫っている。産業がますます高度化し，変化が激しく不透明な社会においては，人は生涯にわたる学びを通してより高い資質・能力を身につけることが求められる。一方，ユニバーサル段階にある高等教育機関においては，学生の学力や興味関心あるいは進路の極めて多様化が一層高まるとともに，社会からもますます高い要求が提示され，研究体制とともに教育体制においても大きな革新が迫られている。

　教育のあり方に大きな革新が迫られているのは高等教育機関だけではない。すべての学校が，子どもたちに質の高い生きる力を身につけることを組織的・継続的に支援するため学校教育体系総体を構成するものとして各学校種それぞれの接続性能を高めていくことが求められている。そうでなくては，変化の激しい不透明な時代を生きていく力の育成はおぼつかないのである。

　すなわち，就学前教育から高等教育まで一貫した学校間の接続の問題とは，一人一人の子どもの学習と発達を学校種を超えて最適な支援が行えるようなあり方をどのようにつくっていくのかという問題である。

　幼稚園から大学に至る各段階の学校種においてはそれぞれの教育目標をもち，学ぶものたちがその教育目標を達成できるようにカリキュラム・マネジメントを行うことになっている。しかし，教える側の具体的な条件や学ぶものたちの様々な事情により，各段階の教育目標が十分に達成されず，上級段階との接続に様々な問題が発生している。たとえば，不登校やいわゆる低学力，進路のミスマッチなどの問題である。

　このような問題の解決のためにはそれぞれの段階の出口において，当

該学校種における教育目標に照らして一人一人の学ぶものの学習と発達の状況が精確に把握され，本人に対しては進路指導の一環として今後の学びの課題が示され，また，その進学先である上級段階の学校には一人一人の学びと発達の指導・支援の留意点としてしっかりと伝えられることが必要である。

　教科の学習などの認知的スキルの習得状況については総括的・相対的な評価ではなく，目標とする知識の系統性に照らして優れた点や課題として残されている点を明らかにする形成的・到達度的な形で示すことが重要である。個々人の習得状況が精確に示されてこそ，上級段階での学び直しの指導・支援が的確に行いうるのである。

　接続の相手先である学校種においては，未習得の教科内容について学び直しのための指導・支援を教育課程編成に当たって計画化するとともに，様々な教科等の指導過程において指導主題と関連的に取り扱える機会を見つけ，習得させるようにする必要もあるだろう。

　このような場合，十分な時間がとれない場合が少なくないだろう。したがって，指導時には児童生徒のキャリア・パスポートなどを活用して意欲を喚起することに力を注ぎ，自主的学習用の手引きなどを作成し渡すことができれば，乏しい時間の中でより望ましい効果を期待できるだろう。この場合，当該児童生徒と関わる教員間で連携体制を形成するとともに，学校図書館の機能の充実を図り校内における児童生徒の自主学習体制を整備しておくことも必要である。

　上記は主に教科教育で育成を目指している認知的スキル（知識・技能の基礎）を念頭に置いたものであるが，今日，非認知的スキルあるいは社会情動的スキルと呼ばれるもの（自尊心，自主性，意欲，忍耐力，自律性，協調性，共感性，社会性等々）も幼児教育から高等教育にわたる学校系統の中で一貫して育成していかなければならない。

　これらは知識技能のように明確に評価できるものではなく，またその概念も十分明確ではないが，その重要性は今日揺るぎないものとして認められている。各学校においては，生徒指導の一層の充実とともに，接続に当たってこの種の目標に関する詳細的確な情報の伝達と，伝達された情報を的確に解釈し，指導体制化する工夫が求められる。

（遠藤　忠）

第1章 新学習指導要領への対応

内容の改善・充実

1 「集団としての合意形成」と「一人一人の意思決定」

(1) 目標の改善と合意形成，意思決定

　平成28年版小・中学校学習指導要領において，各教科等の目標の示し方が大きく見直され，新たに「知識・技能」，「思考力・判断力・表現力等」，「学びに向かう力・人間性等」の三つの柱に即して，育てたい資質・能力が示されることになった。特別活動においても目標について，同様の見直しが行われ，「思考力・判断力・表現力等」に関わる資質・能力として，「(2)集団や自己の生活，人間関係の課題を見いだし，解決するために話し合い，合意形成を図ったり，意思決定したりすることができるようにする。」と示された。ここでは，「集団」や「自己」の生活を書き分けたり，「合意形成」と「意思決定」を区別して表記したが，それは，特別活動において育成する「思考力・判断力・表現力等」は，学習過程の特質や話合いの目的などの違いを区別して指導する必要があるからである。

(2) 集団としての合意形成

　目標の「合意形成を図る」とは，学級活動「(1)学級や学校における生活づくりへの参画」に係る問題を話し合う学級会，学校生活の充実・向上を求めて話し合う児童会・生徒会，共通の興味・関心を追求するクラブ活動などでの話合いが目指すべきことを端的に示したものである。個々の児童生徒には，これら自発的，自治的な話合い活動を通して，「集団」の生活の問題を解決するための方法や内容を合意形成するのに必要な思考力・判断力・表現力等を育成することが求められたのである。

　ところで，人類は，集団や社会の問題を解決しようとしたとき，その方法を極論すれば，「話合いによる合意」か「力づくによる強制」しか持っていない。国と国との関係も同様であり，話合いがうまくいかなければ，力づくや暴力になりかねない。特別活動では，学級会や児童会などの自治的な話合いを通し，力づくではなく話合いで問題を解決できる

資質・能力の育成を目指してきた。実際，東日本大震災の際，避難所での体育館では，どこに居を構えるか。何時に消灯するか。風呂の順番は…など，力やエゴが働きやすい問題が生じたが，解決したのは，行政の指導でなく避難者による自治的な話合いだった。弱者などに配慮しつつ折り合いを付けるなど合意形成し，共助，協働しながら問題を解決したのである。これは，特別活動が果たしてきた役割の一つと言える。

ただし，今の学級会は，単に賛否を述べ合い，その数で決定するような勝ち負けの話合いになっていたり，限られた時間の中で同調圧力による安易な集団決定になっている場合が少なくない。今般，このような懸念から，「集団決定」をあえて「合意形成」という言葉に置き換え，違いや多様性を超える話合いを求めたのである。

⑶ 一人一人の意思決定

目標の「意思決定する」とは，学級活動「⑵日常生活や学習への適応及び健康安全」，「⑶一人一人のキャリア形成と自己実現」に係る課題について，教師の意図的，計画的な指導の下に行う話合い活動において目指すべきことを端的に示したものである。つまり，個々の児童生徒には，日常の生活や学習への適応や健康・安全に関する課題，キャリア形成を図るための課題などについての話合いを通し，「個人」としての解決方法や内容，目標などを意思決定するのに必要な思考力・判断力・表現力等を育成することが求められたのである。

一般に，頑張りがきく子ときかない子の違いは，努力すべきことを自分で意思決定できるかどうかが一つの分岐点になる。自分で決めればこそ頑張りもするし，自分の意思で頑張ればこそ，「自分はやればできる」と思えるからである。また，自分で決めたことなら，たとえ上手くいかなくとも「もう一度挑戦しよう」となるだろう。

しかし，学級活動⑵⑶の授業では，児童生徒による意思決定が適切に行われず，内発的動機付けとなるような重い意思決定になっていない場合が少なくない。そのため，これまでも生徒指導の機能の一つである「自己決定」を学習過程に位置付け，強調されてきた。今般，キャリア教育の充実の視点から小学校に学級活動⑶が新設されたことも踏まえて，生徒指導，キャリア教育の両者が共有できる「意思決定」という言葉を目標に示し，児童生徒が自己の課題について，自分で解決方法を決められるようにすることが求められた。

(杉田　洋)

2 キャリア教育の充実

⑴ 小中高12年間を通したキャリア教育

　2017年に告示された小学校及び中学校の学習指導要領にキャリア教育が初めて登場した。中学校学習指導要領総則では、「⑶生徒が、学ぶことと自己の将来とのつながりを見通しながら、社会的・職業的自立に向けて必要な基盤となる資質・能力を身に付けていくことができるよう、特別活動を要としつつ各教科等の特質に応じて、キャリア教育の充実を図ること。」とされた。さらに、両学習指導要領の特別活動の学級活動、及び2018年に告示された高等学校学習指導要領の特別活動のホームルーム活動の内容に同一の項目、「⑶一人一人のキャリア形成と自己実現」が示され、小中高12年間に亘る系統的なキャリア教育が求められた。生涯継続して展開される一人一人のキャリア形成に、児童期、青年期前期にどの様に関与するかが学校教育の重大な使命となったのである。

　教育基本法第1条（教育の目的）にある「教育は、人格の完成をめざし、平和的な国家及び社会の形成者として、…（中略）…国民の育成」こそ、キャリア教育のゴールともいえる。このゴールを目指し、「特別活動を要」とし、「各教科等の特質に応じて」キャリア教育をどのように実践するか考える。

⑵ 「特別活動を要」とは

　「一人一人のキャリア形成と自己実現」が示されているのは、学級活動、ホームルーム活動であり、これらは、多くの学校では教科等を展開する単位であり、12年間の系統的なキャリア教育の拠点と捉えてよい。この点では、学級活動やホームルーム活動の年間指導計画の中にキャリア教育の視点を盛り込み、それらを実際に展開する学級・ホームルーム担任はキャリア教育への理解を深めその役割を果たす必要がある。

　キャリア career は後期ラテン語の carrāria を語源とし、馬車などの車の通った跡（轍・わだち）を意味している。過去を振り返りながら将来を見通し、今をどのように生きるかを考えることは重要な事である。キャリア形成の蓄積を振り返り、見通しを立てる教材としてキャリア・パスポート等の作成が求められているが、その活用の場面は特別活動における学級活動やホームルーム活動が中心となる。

⑶ 「各教科等の特質に応じて」とは

キャリア教育で身に付ける対象は，「社会的・職業的自立に向けて必要な基盤となる資質・能力」，中央教育審議会答申（2011）で示された基礎的・汎用的能力，さらには進路情報や勤労観・職業観等が挙げられる。各教科等の特質に応じこれらをどう身に付けるか，整理の鍵は資質・能力の三つの柱にある。生きて働く「知識・技能」の習得，未知の状況にも対応できる「思考力・判断力・表現力等」の育成，学びを人生や社会に生かそうとする「学びに向かう力・人間性等」の涵養，で示された習得，育成，涵養に注目したい。これらは，「　　」にある身に付けたい対象によって使い分けられている。端的に言えば，知識は習得し，能力は育成し，価値は涵養するのであり，この基準で各教科，進路情報，基礎的・汎用的能力，勤労観・職業観を整理すると，下図のようになる。

身に付け方	資質・能力	基礎的・汎用的能力等
習得	知識・技能	各教科等，進路情報
育成	思考力・判断力・表現力等	基礎的・汎用的能力
涵養	学びに向かう力・人間性等	勤労観・職業観等

図　身に付け方によるキャリア教育の内容の整理

このように整理することで，各教科等の特質に応じキャリア教育では何をどのような方法で身に付けたらよいかが明らかになる。その結果，教育活動全体を通したキャリア教育が可能になるのである。

⑷ キャリア教育の評価

習得，育成，涵養は身に付けるに要する時間の違いも表現している。涵養とは「地表に降った雨水が地中にしみ込み地下水となること」を意味し，短期間で効果が認められる習得とはおのずと評価の観点は異なる。最終ゴールは，教育基本法に示された国民の育成である。学級活動・ホームルーム活動を拠点に教育活動全体を通した12年間のキャリア教育を，実情に応じた目標を設定し，無理のない計画を立て，身に付け方を配慮した活動を展開し，それらを適切に評価し，次の活動につなぐ効果的な PDCA サイクルによって展開する必要がある。

＊キャリア教育における「基礎的・汎用的能力」と資質・能力の三つの柱（案）が，中央教育審議会教育課程部会教育課程企画特別部会（平成28年6月28日）資料1のスライド8にある。併せて参考にされたい。　　　　　　　　（三村隆男）

3 主権者に関する教育

(1) 主権者教育とシチズンシップ教育

　日本国憲法前文には「主権が国民に存することを宣言し，この憲法を確定する。」と明記してあるが，主権者たる国民の意識の育成は不十分であった。近年，我が国では主権者たる国民の育成を重視するようになった。文部科学省が設置した主権者教育の推進に関する検討チームは「主権者教育の目的を，単に政治の仕組みについて必要な知識を習得させるにとどまらず，主権者として社会の中で自立し，他者と連携・協働しながら，社会を生き抜く力や地域の課題解決を社会の構成員の一人として主体的に担うことができる力を身に付けさせることとした。」という。

　諸外国では，変化の激しい現代社会において，児童生徒が将来，市民としての責任が果たせるような力を育成するための教育の必要性が主張されるようになり，欧米諸国を中心にシチズンシップ教育を学校教育に導入するようになった。

　イギリスでは，2002年にシチズンシップ教育を中等教育学校で必修化した。シチズンシップはこれまで市民権・公民権等と訳されていたが，近年は市民性を意味するようになり，概念が広がった。シチズンシップ教育は，社会や政治に積極的に参加し，責任と良識ある市民を育てるための教育といえる。イギリスのシチズンシップ教育では政治リテラシー（政治的判断力・批判力）の向上を目指している。

(2) 主権者に関する教育を担う

　学校における主権者に関する教育は，政治的な知識の育成だけにとどまらず，児童生徒の社会化（socialization）を促すことである。

　主権者に関する教育の第一歩となる身近な教材の一つに，高校生の選挙権がある。2016（平成28）年6月19日に改正公職選挙法が施行され，満18歳以上の男女に選挙権が与えられた。改正の理由は，民主主義をさらに深めるために，投票できる人を増やすこと。若者の声を政治に反映できる仕組みを作るためであった。更に，民法の改正も行われ，2022年4月1日より，成人年齢を満18歳に引き下げることが決まった。これらを教材として，政治に関する基礎知識を習得し，更に，主権者として社会に参画できる市民を育成することを目指す。

選挙権年齢の推移

選挙法の公布	内容
1889（明治22）年	衆議院議員選挙法公布。選挙権は25歳以上の男子，直接国税15円以上納入者。有権者は全人口の約1.1％。
1925（大正14）年	衆議院議員選挙法改正。選挙権は25歳以上の男子。有権者は全人口の約19.8％。
1945（昭和20）年	衆議院議員選挙法改正。選挙権は20歳以上のすべての男女。有権者は全人口の約48.7％。
2015（平成27）年	公職選挙法改正。選挙権は18歳以上のすべての男女。新たに約240万人の有権者が誕生した。

　高校では学習指導要領が改訂されて，新たに「公共」が設置されたため，主権者に関する科目は公民科の「政治・経済」と「公共」が中心となる。小学校では「生活科」及び「社会科」が，中学校では「社会科」が中心となる。主権者に関する教育は教科だけでなく，特別活動や総合的な学習（探究）の時間等を活用して推進する必要がある。特に特別活動では，学級（ホームルーム）活動における話合い活動や，生徒会活動を通じて，自分の意見を述べたり，他者の意見を聞いたりしながら，問題解決に向けて，主権者としての自覚を育むことができる。

　特別活動の目標の中に「集団や社会の形成者としての見方・考え方を働かせ，様々な集団活動に自主的，実践的に取り組み，互いのよさや可能性を発揮しながら集団や自己の生活上の課題を解決することを通して，次のとおり資質・能力を育成する」とある。人種や文化の多様性を理解して尊重するなど，社会の中で円滑な人間関係を作りだすために必要な力を身に付けさせる教育が求められている。シチズンシップ（市民性）を身につけることを重視しており，特別活動の果たす役割は大きい。

（梅澤秀監）

4 防災を含む安全に関する教育

(1) 防災及び安全に関する教育の意義

　昨今，東日本大震災，熊本地震，西日本豪雨など予期せぬ自然災害や不審者等防犯を含めた身の回りの安全を脅かす事件，事故が多発している。このような状況の中，危険から児童生徒等の安全を確保するための防災を含む安全に関する教育が重要視されてきている。

　「『生きる力』をはぐくむ学校での安全教育」（文科省　平成22年3月）では，安全教育の目標として具体的に次の3項目を挙げている。①日常における事件・事故災害や犯罪被害等の現状，原因及び防止方法について理解を深め，現在及び将来に直面する安全の課題に対して，的確な思考・判断に基づく適切な意思決定や行動選択ができるようにする。②日常生活に潜む様々な危険を予測し，自他の安全に配慮して安全な行動をとるとともに，自ら危険な環境を改善することができるようにする。

　③自他の生命を尊重し，安全で安心な社会づくりの重要性を認識して，学校，家庭及び地域社会の安全活動に進んで参加・協力し，貢献できるようにする。さらに，第2次学校安全の推進に関する計画（平成29年3月閣議決定）においても，すべての児童生徒が安全に関する資質・能力を身につけることをめざし，学校安全計画に安全教育の目標を位置づけ，これに基づいてカリキュラム・マネジメントの確立と主体的・対話的で深い学びの視点からの授業改善により，系統的・体系的で実践的な安全教育を実施することが明示された。このような時代背景のもと，児童生徒自身に安全を守るための能力を身につけさせる安全教育の充実と，児童生徒の生活の場である学校の安全管理体制の充実が求められている。

(2) 特別活動における安全に関する指導とは

　学校における安全に関する教育は，教育課程の各教科等に位置付けられ，それぞれの特質に応じて適切に実施されるものである。安全に関する教育に関しては，特に社会や理科，保健体育などの関連の深い教科と特別活動を有機的に関連付けて指導していくことが大切になってくる。

　特別活動は，そもそも各教科等で育成した資質・能力を，集団や自己の課題の解決に向けた実践の中で活用することにより，実生活で活用できるものにする役割を果たすものである。すなわち，特別活動での防災

を含む安全に関する教育では，社会や理科，保健体育などで学んだ知識や技能などの資質・能力を活用しながら，災害に対してどのように身を守ったらよいのか，実際に訓練を通し自ら主体的に行動できる態度を育てていくことになる。

(3) 具体的な指導について

　特別活動における安全に関する指導は，主に学級活動(2)のウ「心身ともに健康で安全な生活態度の形成」の中で扱われる。ここでは，日常の安全に関する問題に自ら気づき，必要な情報を進んで収集し，よりよい解決策を考えて，自己の安全を守るために的確な意思決定や行動選択を行うなどの活動が中心となる。

　学級活動(2)においては，意思決定して実践する態度を身につけることが最も重要になってくる。そのための学習過程の例として，国立教育政策研究所は，平成30年7月に公表した「みんなで，よりよい学級・学校生活をつくる特別活動（小学校編）」リーフレット版の中で「つかむ」→「さぐる」→「見つける」→「決める」を示している。

　例えば，地震に関する学習においては，「つかむ」の段階で，これまでの地震の被害を振り返り，地震の恐ろしさや避難することの大切さをに気付かせる。次に「さぐる」の段階では，地震が起きた時に自分の身の回りではどんな危険なことが起こるかを話し合う。その上で，「見つける」の段階では，危険から自分の身を守るための様々な方法や避難方法などについて話し合う。そして，「決める」の段階では，それらの方法を参考にしながら，地震に備えて，今の自分のできることを考え，自分の身を守るための具体的なめあてを決める（意思決定）ことができるようにする。このような学習過程を踏んでいくことで，主体的に児童が自分の身の安全や防災について考えることができるようにする。さらに，学校行事で行う，交通安全教室や避難訓練などと関係づけた指導を行うことで，日常生活で具体的に実践できるように工夫することが重要となる。

（平野　修）

三訂 **キーワードで拓く新しい特別活動**
平成29年版・30年版学習指導要領対応

第2章

特別活動の基礎・基本

特別活動は学級文化・学校文化を創造する活動であり，集団性，社会性，体験性，自主性，実践性，自発性，自治性などの特質を有しており，これらの特質によって児童生徒の人間形成が行われている。これが特別活動の基礎・基本である。第2章では，特別活動の特質ともいうべき基礎・基本に関するキーワードについて解説する。 （鈴木　樹）

第2章 特別活動の基礎・基本

人間形成と特別活動

1 人間形成とは何か

　この世に生を受けた人間の子どもは，家庭や社会での生活を通して，感性や言葉，習慣や礼儀，ものの見方や考え方，人間関係や道徳的規範など，自立した人間として生きて行くために必要な広い意味での文化を身につける。この過程，作用（働き）は，一般に，「人間形成」の名で呼ばれている。

　人間形成は，形成意図の有無という観点から，無意図的と意図的に分けられる。現実の人間形成は，無意図的な人間形成が日常生活のなかに深く浸透しており，その基盤のうえに，学校教育に代表される意図的で計画的な人間形成の営みが展開されている。

　また，人間形成は，形成の主体が誰であるかという観点から，自己形成と他者形成に分けられる。学習者による主体的で自律的な自己形成活動を重視するという観点から，他者形成としての性格が強い「教育」と区別して，「人間形成」という言葉が好んで使われることが多い。

　更に，「人間形成」と言われる場合の「人間」とは，「人間にふさわしいあり方」を意味する豊かな「人間性」のことを指している。「人間性」の中核をなすものが自律した道徳的判断や行為の主体としての「人格」にあるとすれば，「人間形成」とは「人格形成」と同義語であり，正に「人格の完成」を目指して行われる教育的な営み（教育基本法）である。

　以上のことを前提にして，以下では，人間形成という観点からみた場合の特別活動の本質的な役割とは何かという問題について考えてみたい。

2 特別活動の役割

　平成29年3月に公示された小，中学校の学習指導要領では，特別活動の指導を通して形成すべき資質・能力を明らかにするための「視点」として，「人間関係形成」「社会参画」「自己実現」という3つのことが挙

げられている。これら3つの「視点」は，特別活動において育成を目指す資質・能力における「重要な要素」であると，「解説」されている。そして，その指導過程では，「集団や社会の形成者としての見方・考え方」を働かせることが重要であるとされている。

こうした特別活動の目標や指導に関する原則的な考え方の明示は，従前の指導要領の改訂に比べると，学校における特別活動の焦点化や特色を鮮明にすることに成功しており，一定の評価をすることができる。

その背景にあるのは，グローバル化や情報化が進む現代社会における人間形成の在り方と学校の役割を見直し，その成果に基づいて，特別活動の役割，在り方をこれまで以上に明確に示すという中教審答申（平成28年12月）の方針である。現代社会における人間形成の在り方を探るという大きなテーマの下での特別活動論，「人間関係形成」「社会参画」「自己実現」論が展開されていることに注目したい。

その上で，前述した「人間形成」論からみたこれからの特別活動の在り方について，3つの提言を試みておきたい。

第一に，学校における特別活動の指導の在り方を家庭や地域社会における人間形成との関わりで理解し，構想することである。学校外や教育課程外における子どもの生活を通して，より深い，根源的な働きを持つ人間形成が展開されていることを視野に入れた指導を行いたい。

第二に，子どもの自己形成の力を重視することである。内発的な動機に基づく力強い活動を軸にした特別活動の在り方を探求することが求められている。教師は子どもたちのより良い活動の成果を掬い取るというスタンスで子どもたちに向き合うことが肝要である。

第三に，特別活動の指導が子どもの人格形成にとって深く，重要な役割を担っていることを改めて認識し，その自覚に立った指導を展開することが求められている。特別活動と道徳教育，生徒指導との相互補完，相互還流的な指導の在り方を探求することが必要である。

最後に，人間形成という視点に立った特別活動研究が今後重要な課題として取り組まれることの必要性を指摘しておきたい。

（山口　満）

第2章 特別活動の基礎・基本

なすことによって学ぶ

1 「なすことによって学ぶ」の新しい学習指導要領・解説での用例

「なすことによって学ぶ」の用例は，平成29年告示の「小学校・中学校学習指導要領」にはなく，「小学校・中学校学習指導要領解説，特別活動編」に，小・中学校とも同一の文章で4か所，小学校版には，さらにもう1か所，計5か所ある。たとえば，「第1章　総説」には，次のようにある（また，文部科学省『生徒指導提要』にも用例がある）。

「特別活動は「なすことによって学ぶ」ことを方法原理とし，各学校において特色ある取組が進められているが，（後略)」

2 「なすことによって学ぶ」の出典

「なすことによって学ぶ」は，learning by doing の訳であり，J. デューイの言葉である。デューイは，子供の関心や経験とはかけ離れた知識を，一方的に教え込む当時の教育を批判し，子供の生活に沿った教材や主題を取り上げて，子供の興味・関心に基づいて授業を組織すべきであると主張した。Learning by doing は，旧来の learning by teaching，つまり教師・教科書・学校中心の教育ではない，デューイの主張する子供主体の授業の特徴，もしくは学習方法を端的に表現したものである。デューイは，子供はすでに激しく活動的であるから，環境が子供に働きかけるだけでなく，子供も同時に環境に働きかける，その相互作用が経験であり，この経験を知性によって再構成することが子供の成長であり，このように知的で，主体的な個人の働きかけによって民主的な社会をつくることを目指した。日本では，日本のデューイと言われた及川平治が，「為さしむる主義の教育 learning by doing」を提唱して，教科未分化の生活単元学習を「分団式動的教育法（グループ学習などを用いた活動的学習)」によって実践したことがよく知られている（及川の実践は現在提唱されているアクティブ・ラーニングそのものである)。

042

3 特別活動と「なすことによって学ぶ」

　デューイの「なすことによって学ぶ」は，上述のように，旧来の学習方法に対して，自分の主張する経験学習の特徴・方法を述べたのであって，特別活動の方法原理として述べたのではない。ただ，デューイの学習法は，生活の中から教材や題材を取り上げる問題解決学習なので，たとえば，学級活動で，学級の課題・問題を取り上げ，みんなで話し合って，合意形成し，それに従ってみんなが協力して課題や問題の解決・達成に努力することは，デューイの「なすことによって学ぶ」という教育方法に沿った活動ということができよう。

　その際注意しておきたいのは，デューイの経験学習は，子供の主体性を尊重するけれども，それはけっして放任ではなく，「系統学習」に繋がる学問上の「訓練」を伴うものであったことである。したがって，特別活動においても，「なすことによって学ぶ」活動は，よりよい社会や集団の形成に向けての子供の「生活の訓練」という意味合いをもたなければならないであろう。「生活の訓練」といえば，かつて野村芳兵衛は，教育は「生活技術の訓練」であるとし，子供の今後の生活に必要な，しかも自由をもたらすためのセルフコントロールのための技術として，保健上（健康管理）の技術，仕事に対する技術（仕事に必要な知識・技能の獲得と活かし方），社交上（人間関係）の技術，政治上（制度・組織の理解とその中での身の処し方）の技術をあげた。野村は，これらの技術を子供が自然に，また，自発的に身につけることができるとは考えず，訓練が必要であるとしたが，ただ，それは教師による一方的な訓練ではなく，子供との「協働自治」であるべきだとしたのである。

　特別活動の「なすことによって学ぶ」が，この考え方と密接な関係があることは明らかであろう。新しい学習指導要領で示されている，特別活動において育成を目指す3つの資質・能力，「人間関係形成」「社会参画」「自己実現」も，よりよい人間関係，よりよい社会，よりよい自己の形成に向けて，子供が主体的，積極的に自己を錬磨していくことを求めている。特別活動の「なすことによって学ぶ」とは，よりよい集団や社会の形成に向けて，主体的に自己の経験を絶えず向上的に再構成していくことのできる，「集団や社会の形成者」すなわち，未来の社会の担い手をつくることであると言えよう。

(佐々木正昭)

第2章 特別活動の基礎・基本

社会性

1 特別活動における「社会性」の概念の捉え方

　学習指導要領の改訂にともなって，特別活動における「社会性」の概念の捉え方も変化している。平成29・30年改訂の学習指導要領の改善の方向性をまとめた中教審答申（平成28年12月）において，特別活動は，「人間関係形成」「社会参画」「自己実現」の三つの視点を踏まえて目標及び内容を整理すること，主権者教育やキャリア教育の視点，集団宿泊活動の充実等が改善の方向性として示されている。前回の改訂（平成20・21年）の基本方針を示した中教審答申（平成20年1月）では，特別活動の特性を「望ましい集団活動や体験活動を通して，豊かな学校生活を築くとともに，公共の精神を養い，社会性の育成を図る」ものであると捉え，「人間関係に不安を感じ，好ましい人間関係を築けず社会性の育成が不十分」である学習者に対して，「好ましい人間関係」の形成能力としての「社会性」の育成を目標とすることが示されていた。

　前回の改訂では，特別活動において育成が目指される「社会性」を「人間関係形成」の問題として捉えていたのに対して，今回の改訂では，「人間関係形成」だけでなく，「社会参画」という視点も重視し，自治的能力としての「社会性」の育成を図ることを目指している点で，概念の捉え方に変化がみられる。

2 社会構築主義の立場からみた「社会性」の捉え方

　「社会性の育成が不十分」という観点を検討するために，社会構築主義の立場を参照してみよう。社会構築主義の立場は，社会問題を所与のものとして考え，原因を探り，解決策を考えるのではなく，「問題」それ自体の定義（過程）や問題の構築のされ方に注目する立場である（スペクター＆キツセ『社会問題の構築』）。

　たとえば青少年の「問題行動」は，『青少年白書』では「犯罪行為や不良行為といった法律や社会慣習等の社会規範から逸脱した反社会的行

為」と「不登校，家出，自殺など周囲の環境に適応することができないことによる非社会的行動」とに分類されているが，「反社会的」や「非社会的」というカテゴリーは，実体としての「社会性」の存在を前提にしている。そのような捉え方に対して，従来のカテゴリーにおさまらない青少年の「問題行動」の存在に注目し，「脱社会的」存在や「脱社会的」人間という新たなカテゴリーの必要性を訴える見方が提起されている（宮台真司・藤井誠二『脱社会化と少年犯罪』）。また一方で，従来の「社会性」という概念がもっているような「すでにある社会への適応」の側面にとどまらず，「社会を作り，作った社会を運営しつつ，その社会を絶えず作り変えていくために必要な資質や能力」としての「社会力」という新たな概念を提唱し，不十分なのは「社会性」ではなく，「社会力」の方だとする見方も提起されている（門脇厚司『子どもの社会力』）。

　これらの見方は，社会構築主義の立場からすれば，「社会性の育成が不十分」という観点では前提とされている「社会性」が，不変なものではなく，一定の観点から「構築」されることを例証する見方だと言える。

3 「社会性」の育成としての「社会参画」の視点の意義について

　「脱社会的」存在や「社会力」の衰退等の指摘は，現在の日本の子どもの「社会化」の様相が，従来とは異なったものに変化してきているという認識においては共通している。「社会化」とは，「他者との相互行為を通して，集団ないしは社会のメンバーとして必要な知識・技術・資質を獲得する過程」であり，社会への適応や同調，社会的規範や役割の獲得等が含まれる。現在の日本社会において，子どもの「社会化」の様相が変化してきているとすれば，従来どおりの「社会化」の進行を前提視した上で，「社会性」の育成の内容を検討することよりも，現在の子どもの「社会化」の様相それ自体の変化に注目し，その特徴と課題を理解し，適切に対応していくことがより重要な課題となる。

　そういう観点に立てば，今回の学習指導要領の改訂において特別活動の改善の方向性として，「人間関係形成」だけでなく「社会参画」や「自治的能力」の育成としての「社会性」の育成に注目したことには重大な意義があると言えよう。

（瀬戸知也）

第2章 特別活動の基礎・基本

集団活動

1 学習指導要領における集団活動

　学校の教育活動において「集団活動」は，「実践活動」とともに特別活動の基本的性格（特質）を表す用語で，学習指導要領において特別活動の目標にのみ「様々な集団活動」や「自主的，実践的な集団活動を通して」などの記述があるが，他の教科等には見られない。

　その「様々な集団活動」については，解説において学級（ホームルーム）活動をはじめとする各種の集団活動を取り上げ，それらの意義などを述べている。しかし，集団活動の定義やどのような基本的用件を備えるべきかなどについては明示されていない。

　昭和43年学習指導要領改訂で教育課程上の教科領域名が特別活動に変わって以降，小・中・高等学校ともにその目標の冒頭に「望ましい集団活動を通して」が掲げられ，いわゆる特別活動の指導原理となってきた。しかし，平成30年改訂で，その記述は消えた。しかも，これまで小学校学習指導要領解説特別活動編に示され，学校や教師の指標となってきた「望ましい集団活動の条件」も消えている。

　歴史的にも集団活動の指導論には，その思想や方法が多様であることから，敢えて「望ましい集団活動」を指導原理としてきた方針を変え，「様々な集団活動」としたことを危惧する声も聞かれる。

2 豊かな学校生活を創る集団活動の充実

　社会のグローバル化や情報化が急速に進む中，多様な他者と協働して創造的に生きる実践的な態度の育成が教育課題になっており，豊かな学校生活を創る様々な集団活動を充実することへの期待が高まっている。

⑴ 様々な集団活動の充実と相互関連

　小・中・高等学校の学習指導要領に示される特別活動の内容は，学級（ホームルーム）活動，児童会・生徒会活動，クラブ活動（小学校），学校行事で構成され，それぞれに集団活動の特質がある。学級活動は，学

級集団による集団活動，児童会や生徒会活動は，全校集団による異年齢集団活動で，小学校クラブ活動は，主として第4学年以上の同好の児童の集団活動である。また，学校行事においては，学年や全校的な規模の集団による体験的な集団活動が行われる。しかも，それぞれの実践活動の中では，様々な小集団が編成され集団活動が行われる。さらには，児童生徒が自主的に集団を編成して行う自発的，自治的な集団活動もあれば，体験的な活動を中心とする学校行事では教師が意図的に編成した集団による集団活動もあり，ねらいや方法において多様である。

特別活動における様々な集団活動において，個を生かす望ましい集団活動が充実し，それらの集団活動が関連づけられ，学びが発展されるような指導が行われるようにしなければならない。

(2) 集団活動を生かす学級経営の工夫

今回の改訂で，児童生徒の自発的，自治的な活動を通して豊かな学級生活を創造する集団活動を生かす学級経営の充実が強く求められている。これまで，例えば，学級会が行われていなかったり，学級活動(1)と(2)(3)の小中の捉え方や取組に大きな違いがあったり，議題や係活動の実践が適切でなかったりと多くの課題が指摘されてきた。

学級活動の事前や本時，事後の活動を効果的に進め，学級活動(1)で自治的能力，学級活動(2)(3)で自己指導能力を育てる学級経営の工夫は，特別活動が目指す資質・能力を身に付ける上で欠かせない。

3 今後の課題

特別活動における集団活動や体験活動を通して，よりよい人間関係や社会参画に資する実践的態度を育成する学校力，教師力を確かなものにするには「研修の充実」が重要になる。

特に，今回の改訂で，中学校には「集団としての意見をまとめる活動など小学校からの積み重ねや経験を生かし，それらを発展させることができるよう工夫すること。」が求められた。学級会の指導など小中一貫の学級活動の指導法の合同研修が必要である。学校週五日制や学力低下論への極端な対応から集団活動への取組が大きく縮小している。一方，学級会を中心に中学校区の合同の授業研究会等に取り組み，生徒指導の充実や学力向上の面で大きな成果を挙げているところもある。国，教育委員会や学校，研究会における研修や研究活動の充実が課題である。　　　（宮川八岐）

第2章 特別活動の基礎・基本

体験活動

1 体験活動とは

　「体験活動」は，自分の身体を使って実際に経験する活動であり，様々な感覚器官を通して外界の事物・事象に直接働きかけ，実感し学んでいく活動である。体験活動の種類は多様で，次のような分類もある。

① 　生活体験…遊び，食事，休養，物の利用，金銭の活用　など
② 　自然体験…登山，キャンプ，昆虫採集，飼育・栽培　など
③ 　社会体験…友達・地域・職場の人との交流，ボランティア活動　など
④ 　生産体験…生活に必要なものをつくる，育てる　など
⑤ 　文化体験…つくる，鑑賞する，演ずる，表現する　など

　実際の体験活動では種々の内容・要素が融合しており，そのねらいや内容も，子どもの発達段階や学校段階により異なる。体験活動に類似する言葉として「体験的な活動」がある。体験的な活動は，体験活動よりは広い概念で，直接体験としての体験活動はもとより，インターネットやテレビ等を介して感覚的に学びとる「間接体験」，シミュレーションや模型等を通じて模擬的に学ぶ「疑似体験」なども含めた広い意味である。

　特別活動は「なすことにより学ぶ」という言葉に示されるように，成立当初から集団活動とともに体験活動や体験的な活動を特質としてきた。

2 学校教育における体験活動の位置付け

　体験活動の重要性は，学校教育法に明記され（第21条・31条），学習指導要領にもその重要性が記されてきた。今回の学習指導要領改訂（平成29・30年）でも，子どもを取り巻く地域や家庭の環境，情報環境等の劇的な変化を踏まえ，体験活動の重要性が小・中・高校を通じて学習指導要領総則で共通に示されるとともに，主体的・対話的で深い学びの実現に向けた授業改善や道徳教育充実の観点から重視されている。

　現代の子どもたちの生活環境や体験の変質は，児童生徒の学習や生活上の様々な問題を生みだしている。学ぶことのリアリティーの欠如や学

048

ぶ意欲の低下，人間関係形成能力やコミュニケーション能力の低下，さらに家庭・学校・社会の中での自己喪失感の広がりなど，子どもたちを取り巻く問題状況はより深刻になっている。こうした状況において，児童生徒一人一人の自己理解や自分探し，他者との出会いと豊かなかかわり，そして社会や自然の中で共に生きることの意味を実感する場や機会として，体験活動のもつ意義はますます重要になっている。

3 体験活動を充実するための視点

◇　教育課程への明確な位置付けと体験活動の構造化

　限られた時間の中で，体験活動がその価値を発揮するためには，そこで身に付けさせたい資質・能力を明確にし，そのための方法等（事前・事後を含む）を具体化し，学校段階や学年ごとに教育課程に体系的に位置付ける必要がある。また，教科等の相互関連を図り教育活動全体として展開する必要がある。こうした縦横の関連を図り，体系化・構造化していく学校のカリキュラム・マネジメントの確立が極めて重要である。

◇　開かれた学校，開かれた体験活動の推進

　体験活動を充実し，児童生徒に［生きる力］を育むためには，家庭や地域，関係機関等との連携協力を基盤にした開かれた学校づくりの推進が不可欠である。体験活動は学校だけで完結するものではない。家庭への情報発信と連携に努め，地域や関係機関等との協働が求められる。それは，今回の改訂が目指す社会に開かれた教育課程の実現に直結する。

◇　児童生徒の主体性，学校の主体性を生かす体験活動の充実

　体験活動が価値ある学びとして心に響くためには，児童生徒の主体性を発揮させることが重要である。特別活動は，集団活動や多様な体験活動を通して，よりよい生活の仕方，望ましい人間関係の在り方，自然と社会における人間としての生き方を自ら実践し，学んでいくものである。児童生徒の主体的な活動を高めることは特別活動の充実にも結びつく。また，各学校が確固とした教育理念と主体性をもち体験活動に取り組むことが大切である。学習指導要領は教育課程の基準を大綱的に定めたものであり，各学校の主体性と創意が求められる。なお，どんなに素晴らしい活動でも，児童生徒の心身の健康や安全が損なわれるようなことがあればその意義は失われる。そのことを忘れてはならない。

（森嶋昭伸）

第2章 特別活動の基礎・基本

人間関係

　社会であれ，家庭であれ，人間は集団の中で人と人との関係を結びな
がら生きている。学校や学級でも同じで，子どもどうしが互いに信頼し
あい，尊敬しあい，信愛しあい，協力しあう関係にあれば，学校や学級
が楽しくなるし，所属感や連帯感が強くなり，自分への自信を高めて，
さまざまなことに積極的に取り組むようになる。また，たとえば，小さ
ないじめが起こってしまったとしても，子どもたちの間にそれをやめさ
せようとする自浄力が働く。このような環境にあれば，子どもたちは我
慢や努力，正義や規律，協力や思いやり，役割や責任などのさまざまな
道徳性を学び，体得することができる。また，教科や総合的な学習など
のさまざまな学びの楽しさを知り，知識・技能・関心・意欲・態度を伸
ばすことができるようになる。

　望ましい人間関係というと，子どもたち全員が同じ価値観を持ち，意
見の対立がなく，仲がよい，といった状態を想定しがちである。しか
し，子どもたちの価値観や思いは実に多様であり，お互いの欲求……自
分に対して他人がしてほしいと思うこと……がぶつかり合うというのが
むしろ自然である。そのような多様性や意見の相違，欲求の対立を前提
としつつ，そして，多様性やそれぞれの思いの強さを互いに尊重しつ
つ，信頼しあい，尊敬しあい，信愛しあい，協力しあう関係にあるの
が，望ましい人間関係である。

　教師はまず，このような望ましい人間関係を集団内に構築する必要が
ある。しかし，学校や学級の人間関係を望ましくすることは教師の最終
目的ではない。子どもたち一人ひとりに，自律的に相互に人間関係を
作っていくことができるような力をつけること，そこに教師の責務がある。

　人間関係を形成していくことができる能力には次のような力が含まれ
る。(1)子どもたちが現在そして将来所属することになる集団の中には，
自分とは価値観や意見が異なっている人がいるし感じ方が違う人がい
る，ということに気づく力，(2)自分とは価値観や感じ方が違う人の意見
や言い分をよく聞くことができる力，(3)相手の立場になって考えたり感

じようとしたりすることができる力，(4)自分の意見と他人の意見のどこが同じでどこが違うのかを整理して把握することができる力，(5)自分の意見や感じ方を相手に伝わるように工夫しながら表現する力，(6)自分のしたいことやしてほしいことと，他人がしたいこととしてほしいことの共通点と対立点とを整理し，「折り合う」ことを考える力，(7)折り合うための提案を相手に対して上手に表現し，合意を形成する力，(8)その合意に基づき行動を起こして互いに満足な結果を得たことを客観的に把握し，互いに喜び合うことができる力，などである。

　学校や学級集団の中に，もし望ましい人間関係がまったくなければ，子どもたちは，心がすさみ，生活することや学ぶことの意欲をなくし，自信を失い，萎縮してしまう。そのような状態の中で，子どもが人間関係を形成しようとしても結局は挫折してしまい，無力感のみが学習されてしまう。それゆえ，人間関係を形成していく力を育てるためには，まず，教師は学級や学校に望ましい人間関係を構築する必要がある。

　しかし，集団で生活している限り，価値観や立場の相違，それぞれの欲求の対立は不可避であり，意見の対立やけんかなどのいざこざが起こる。集団としては，一時的に人間関係が好ましくない方向に向かう。

　経験の浅い教師の場合は，どのような衝突であれ，教師自身が事態を収拾しようとする傾向にある。しかし，集団内に培ってきた人間関係の「貯金」があり，衝突が極端に深刻でなければ，この場面こそが人間関係形成能力育成のチャンスとなる。子どもたち自身に意見の対立に直面させ，分析させ，解決法を見つけさせ，衝突を克服させるのである。その間，教師は水面下であらゆる努力をしつつも，表面では子どもによる自律的な解決を見守る。子どもたちは失敗を経験しながらも問題を乗り越える。いったん衝突を克服すれば，その経験と成功記憶は子どもたちの人間関係形成能力となって身につく。また，集団内の人間関係も以前にまして良好になる。

　子どもたちは，人間関係の「貯金」を使って困難を乗り越え，結果として「貯金」を増やしていく。人間関係の輪は，学級内に留まらず，学校内の異年齢集団，地域の人々，国内外の人々へと広がり，より複雑でより多様な人間関係の世界でも通用する人間関係形成能力へと高まっていく。OECDの「キー・コンピテンシー」の柱のひとつはこのような多様な価値観をもつ集団における人間関係形成能力を想定している。　　（添田晴雄）

第2章 特別活動の基礎・基本

コミュニケーション能力

１ コミュニケーション能力とは

　コミュニケーション能力とは，言語・文字その他視覚・聴覚に訴える身振り・表情・声などの手段によって互いに意思・感情・思考を伝達し合い，理解し合うことを可能にする能力と定義される。

　特に，人間は，聞くや読むなどのインプットと話すや書くなどのアウトプットを繰り返すことで学習を成立させたり，互いに理解し合ったりするのであり，その際に言葉の果たす役割が大きい。各教科等の授業においては，このような言語活動の充実とともに「思考（考える）」活動が効果的に展開できるようにすることが求められている。このような課題は，思考力，判断力・表現等の育成と軌を一にする。

　コミュニケーション能力の第一の側面が「聞く」である。情報の送り手の思いや願い，意図などを的確，かつ迅速にとらえることは，人と人との間に生きていく上で，欠かすことができない。「話す」とは，空気の振動による伝達であり，時間の経過とともに消えてしまうことから，集中して聞き取ろうとする態度や相手の立場等を意識しながら聴き取る力を育成することが求められる。「話す」は，リアルタイムでその瞬間の思いや感動を直接伝えられ，表情やしぐさなど言葉に寄らないコミュニケーションも効果的に発揮することができる。これに対して，「書く」は，目に見える形で残すことができ，後で修正したり，加えたり，見直して振り返ったりすることができるという特徴がある。特別活動においても，この特徴を踏まえて，効果的に活用することが求められる。

　また，今後の情報化社会においては，各種の情報メディアを効果的に活用してよりよく伝え合う能力を育成することも大切である。学習指導要領においても，各教科等の授業おける ICT の活用が求められた。その際，SNS など顔の見えない関係におけるコミュニケーションなどの負の部分を十分に理解できるようにしたり，情報の正しい活用方法や情報モラルなどを身に付けたりすることも重要なことである。

052

2 特別活動に求められるミュニケーション能力の育成

　前回の改訂で「よりよい人間関係の形成」が新たに目標に加えられたことから，特別活動におけるコミュニケーション能力として，「よりよい人間関係を築く力」が重視されてきた。今回の改訂では，特別活動が，互いに認め合う人間関係を前提とした集団活動であることから，「互いのよさや可能性を発揮しながら…」と示された。また，特別活動が育てたい人間関係は，意義や知識等の理解のみならず，態度の育成であるとし，「多様な他者と協働する様々な集団活動の意義や活動を行う上で必要となることについて理解し，行動の仕方を身に付けるようにする。」と示された。さらには，これらを児童生徒の能動的な話合い活動等によって実現を目指すことから，「人間関係の課題を見いだし」とも示している。これらは，学習指導要領において特別活動に育成が求められた資質・能力の視点のひとつである「人間関係形成」とも重なる。

　また，人間関係形成に関わって，引き続き「集団としての意見をまとめるなどの話合い活動」や「異年齢集団による交流」，「幼児，高齢者，障害のある人々などとの触れ合い」の充実を求めている。とりわけ，学級会などの自治的な話合い活動では，多様な考えを積極的に引き出すとともに，違いを超えて合意形成ができるようにする指導の工夫が求められた。また，いじめの未然防止など，児童生徒自らが人間関係の課題を見いだし，解決を図ろうとする児童会・生徒会サミットなどの，自主的な取組の充実も求められた。

　学級活動「(2)日常の生活や学習への適応と自己の成長及び健康安全」でも，人間関係形成に関わる内容を示している。小学校においては，「イ　よりよい人間関係の形成」（学級や学校の生活において互いのよさを見付け，違いを尊重し合い，仲よくしたり信頼し合ったりして生活すること），中学校においては，「ア　自他の個性の理解と尊重，よりよい人間関係の形成」（自他の個性を理解して尊重し，互いのよさや可能性を発揮しながらよりよい集団生活をつくること），また，「イ　男女相互の理解と協力」（男女相互について理解するとともに，共に協力し尊重し合い，充実した生活づくりに参画すること）を示しており，学級活動では，これらの題材を適切に取り上げ，児童生徒が自己の課題について具体的な解決方法や内容などを意思決定できるようにする指導の工夫が求められる。（杉田　洋）

第2章 特別活動の基礎・基本

自主的，実践的活動

1 特別活動における「自主的，実践的活動」

　2017（平成29）年告示の小・中・高等学校学習指導要領（高校は2018年）における特別活動の目標には，その冒頭において，引き続き「自主的，実践的に」取り組むことが明記されている。学習指導要領上における，この「自主的，実践的」の部分は，特別活動が目指している中心的な目標であり，1958（昭和33）年の「特別教育活動」設置以来，引き継がれているものである。その表記の変化に目を向けると，その重要性もわかる。例えば，2008（平成20）年版の学習指導要領では，「自主的，実践的な態度を育てる」と示されているのに対して，2017（平成29）年版の学習指導要領においては，「自主的，実践的に取り組み」という示され方になっている。これは，前者が到達目標的であったのに対して，後者は，前提条件的な示され方である。これは，これまでの特別活動の様々な実践を通した児童生徒の学びの姿の上に立って，「自主的，実践的活動」は目指すものではなく，最低限度必要なものであるということを示しているともいえる。そうであるならば，この「自主的，実践的活動」は特別活動の根幹をなすものといえるのである。

2 学習指導要領における「自主的，実践的活動」

　特別活動の目標を見てもわかるように，特別活動が育てようとする資質・能力は，児童生徒自らが考え，高めていくような「自主的，実践的活動」を通して育成されるものである。そのために，特別活動の各活動及び学校行事は，一人一人の児童生徒の学級や学校の生活における諸問題への対応や課題解決の仕方などを「自主的，実践的」に学ぶ活動内容によって構成される必要がある。さらには，集団活動の中で，一人一人の児童生徒が，実生活における課題の解決に取り組むことを通して学ぶことが，特別活動における「自主的，実践的」な学習と成り得る。それは，例えば，学習指導要領の特別活動が「人間関係形成能力」「社会参

054

画」「自己実現」の三つの視点を踏まえて，育成する資質・能力が明確化された中にあっても，児童生徒が「自主的，実践的活動」に取り組む姿が現実的になければ，何の意味もなさない。また，教室内の課題を見出して解決に向けて話し合う活動をする際にも，児童生徒自身が実践的活動として取り組まなければ，そこでの資質・能力が育まれることはない。さらには，特別活動を通して，多様な他者との交流や協働の視点を計画的に取り入れようとしても，これまた，児童生徒の「自主的，実践的活動」としての姿がなされなければ，ただやらされるだけの活動となり，何の意味ももたないのである。

　以上の点を重視しなければならないことは，小・中・高ともに育成を目指す資質・能力(3)「学びに向かう力・人間性等」を見てもわかる。集団活動において，児童生徒が受動的ではなく，「自主的，実践的」に活動することを通して，目指す児童生徒の姿を追うことになっているのである。

　特別活動の各活動・学校行事は，集団を支える一人一人の児童生徒の活動によって成り立つ。一人一人が学級や学校生活における諸問題への対応や課題解決の仕方などを学ぶ活動内容が，集団の中にあるのである。特別活動の目標や内容に示される資質・能力は，集団活動において「自主的，実践的」な学習を通して初めて身につくものなのである。

3 「自主的，実践的活動」の計画的指導の必要性

　「自主的，実践的活動」に取り組む際，発達段階に応じた活動の設定や他教科等との連携は重要な視点となる。特に，指導計画作成における他教科等との関連については，体験活動や道徳との関連も含め，計画的に行う必要がある。特別活動は，一朝一夕に成果を上げられるものではない。学校の全教職員が，指導計画について共通理解を図る必要があり，経年的に取り組む必要もある。教師は，児童生徒が自ら取り組み，成果に満足し，充実感や達成感を持つことができるような環境づくりに努める必要がある。そこでは，少々の失敗に直ちに干渉したり，援助したりするのではなく，温かく見守り，期待し，個々の状況に即して適切に指導するなどして，自分たちで考え，判断し，生活上の諸問題などを解決することができるようにする必要がある。児童生徒と向き合う中で，教師が良き指導者，支援者になることが肝要である。　　（浦郷　淳）

第2章 特別活動の基礎・基本

自発的，自治的活動

1 自発的，自治的活動は，その指導法において特異な教育活動

特別活動は1947年学習指導要領で「自由研究」として示されて以来，1951年「教科以外の活動」，1958年「特別教育活動」（以上小学校）との領域名で，特に児童生徒の自発的，自治的活動を中心とする領域として始まった。「教える」ことが優先されがちな教育活動の中で，特別活動の学級活動(1)，児童会・生徒会活動，クラブ活動（小学校）では，教師が前面に出ないで，あくまでも「児童生徒の話合いによって自ら解決を図る」という体験を通して学ぶことを大切にしてきた。

自発的，自治的活動の指導においては，解決するべき学級・学校生活上の問題（議題）は教師が選ぶのではなく，自分たちの総意で選定する。そして全員で話し合って合意形成をはかり，集団決定をする。児童生徒の自治的範囲内ならば，すべて結論は児童生徒に任せ，教師は介入しない。これが教師にとっていちばん難しいのであるが，教師は，司会グループ等リーダーとの事前打合せ（計画委員会）と話合いの終末助言の折に精一杯指導する。それは，児童生徒の気づきを重視し，試行錯誤を含めた体験から「なすことにより学ぶ」を原則とするからである。

2 なぜ自発的，自治的活動が重視されなければならないか

小学校新学習指導要領の第6章特別活動の第3指導計画の作成と内容の取扱い1の(3)には「学級活動における児童の自発的，自治的な活動を中心として，各活動と学校行事を相互に関連付けながら，（中略）学級経営の充実を図ること。」とある。（中学校，高等学校も同内容。下線筆者）「学級活動における自発的，自治的活動」は，いわゆる「学級会」が主となる。学級会の話合い活動や実践活動として行われる「自発的，自治的活動」が学級経営の充実を図る中心的活動となる。

詳しくは「集団活動」や「生徒指導と特別活動」などの項目を参照願いたいが，学級集団や学校の集団を望ましい集団に育てること，そのた

めには自発的，自治的な集団活動の展開が欠かせないからである。

　また，前出の学習指導要領項目の後半には，「その際，特に，いじめ防止等を含めた生徒指導との関連を図るようにすること。」と述べられている。児童生徒自ら学級集団の中にある一つ一つの小さな問題に気づき，解決を図る活動や絆を深める活動を体験することで，集団の仲間意識が育まれ，よりよい人間関係を築くことになる。これは，教師からの働きかけだけでは得られない望ましい集団活動の教育成果である。

　18歳選挙権の施行を機に主権者教育の必要性が取りざたされるが，主権者教育で最も大切なのは，所属する集団（学級・学校・地域）の課題を自分たちで解決できたという体験である。身近な問題に取り組み，試行錯誤しながらも教師に頼らず，楽しく豊かな集団にするという成功体験があってこそ，政治の問題にも関心をもつことができる。自発的，自治的活動は，世界平和につながる民主主義の基盤となる教育活動であると言える。

3 自発的，自治的活動の指導のポイント

　特別活動における自発的，自治的活動は，次のような集団活動である。
① 　学級活動の(1)学級や学校における生活づくりへの参画（学級会）
　　活動形態としては，　・話合い活動　・係活動　・集会活動
② 　児童会・生徒会活動　・代表委員会　・異学年交流　・委員会活動
③ 　クラブ活動（小学校）　・組織計画作り　・楽しむ活動　・成果の発表

　これらの集団活動は，デューイが主張したように「共通の目標に向かって，協同で活動を行い，主体的に参加するという民主主義の社会をめざす生活の場」である。その中で児童生徒自ら計画・行動し，実践を振り返って次に生かすという，PDCAサイクルを積み重ねることで目的実現の能力が育っていく。指導教師は，活動中の指示を控え，児童生徒の自主的な活動を支える側に徹する。指導助言は，活動の前と終了後に行うようにする。例えば，学級会に先立ち，司会グループと一緒に議題の提案理由や中心となる課題を確認する。話合いの進行に見通しのもてる助言をして自信をもたせる。また，話合いや実践活動の最後の「先生の言葉」では，活動の具体的な場面を取上げて称揚し価値付ける。子どもは教師の価値付ける方向に伸びていくのである。　　　　（上原行義）

第2章 特別活動の基礎・基本

学級文化・学校文化

1 学級文化・学校文化とは何か

　学級文化・学校文化とは，学級・学校に特有の文化（教育を通して創られる生活・行動の在り方）であり，児童生徒の人間形成に対して顕在的・潜在的に影響を及ぼす要素を包括的に示したキーワードである。

　学級文化・学校文化は，次の4つの下位文化から構成される。第1は学級・学校における教育課程の経営・編成，施設や設備・備品といった「制度文化」である。第2は組織を構成する教師集団が有している行動様式や価値観等の「教師文化」，第3は児童生徒集団が有している行動様式や価値観等の「児童生徒文化」である。そして，第4は組織に特有のシンボル（旗・マーク，歌，制服等）や慣行（始業・終業時の挨拶，きまり・校則，イベント等）といった「級風・校風文化」である。存在基盤である制度，人的要素である教師・児童生徒，そして，前3者が醸し出す雰囲気。4つの文化の織り成す包括的な生活・行動の在り方が，学級文化・学校文化である。

　人的要素に着目すると，学級・学校文化には，次の4つのベクトルがある。第1に教師からの作用（働きかけ：Ⅰ）である。第2は，児童生徒からの反作用（賛成，反対：Ⅱ）が導き出される。第3は，教師からの還流（反作用をふまえた作用＝働きかけ：Ⅲ）である。そして，第4は，前3者をふまえた児童生徒からの反作用（合意，折り合い：Ⅳ）が導き出される。Ⅱを予期しないⅠだけの文化は教師が専制君主として君臨する文化，Ⅰが不明確でⅡに追従する文化は児童生徒を王様と崇める文化であり，それぞれ，教育の名に値しない（あえて言えば「強育」「驕育」である）。学級文化・学校文化とは，教師と児童生徒とが織り成すものであり，児童生徒のⅡを導き出すⅠ，児童生徒のⅡをふまえたⅢ，そして，児童生徒のⅣを導き出すⅢ，……と相互に還流する「協育」「共育」，つまり，教師と児童生徒とが創造主体として担い合う教育によって醸成される生活・行動の在り方なのである。

2 学級文化・学校文化の創造主体を育む特別活動のポイント

(1) 創造主体を明確にして『学習指導要領解説』を読み解く

　教育の受益者は児童生徒であり，その学習権を保障する主体が教師である。換言すれば，「教師は，学級文化・学校文化の創造主体としての児童生徒を育む主体」である。例えば，校風を彩る運動会にかかる『小学校学習指導要領解説』での記載は，次のように変遷してきている。

1989（平成元）年版　学校が主体となって実施するものであるが，児童会などの組織を生かした運営を考慮することが望ましい。〔イ　実施上の留意点（キ）　58頁〕

1999（平成11）年版　児童会などの組織を生かした運営を考慮し，児童自身のためのものとして実施することが大切である。〔イ　実施上の留意点（エ）　64頁〕

2008（平成20）年版　児童会などの組織を生かした運営を考慮し，児童自身のものとして実施することが大切である。〔イ　実施上の留意点（エ）　93頁〕

2017（平成29）年版　児童会活動やクラブ活動などの組織を生かした運営を考慮し，児童自身のものとして実施することが大切である。〔②　実施上の留意点　エ　124頁〕

　「学校が主体となって」（平元）から「児童自身のためのものとして」（平11），「児童自身のものとして」（平20・29）実施する運動会は，児童会活動だけではなくクラブ活動との関連も併せた運営を教師に期するに至っている。児童生徒の発意や発想を重視した場の構成に教師が創意工夫を加え，両者が運動会を担い合うことによって，学級文化・学校文化の創造主体を確かに育んでいくことが大切である。

(2)『参画』への高まりを見通して活動の場を構成する

　児童生徒の発意や発想を重視する上で，参集→参与→参画といった「参加の発展段階」を見通し，活動の場を構成することが大切である。小学校低学年や中・高等学校の第1学年の入門期で取り組む集団活動への参加の段階は「活動の場に居合わす参集（実践 Do）」であっても，次第に，「よりよく実践するためにかかわる参与（評価 Check／改善 Action）」，「活動を丸ごと担う参画（計画 Plan-Do-Check-Action）」へとスパイラル式に質を高めていけばよい。それだけに，参集段階では，感動ある学級文化・学校文化との出会わせ方が大切となる。

(3) 学級外・学校外の文化と交流し合う場を構成する

　児童生徒が，その形成者として活躍する社会は，ノーマライゼーションの理念に基づく共同参画社会である。高齢者，障碍のある幼児児童生徒といった多様で異質な人々と交流し合う場の構成に工夫したい。多文化・異文化との交流は，自らの学級文化・学校文化を高める契機として貴重である。

　　　　　　　　　　　　　　　　　　　　　　　　　　　　（富村　誠）

第2章 特別活動の基礎・基本

発達の段階に即した指導

　今次の学習指導要領では，社会に開かれた教育課程の編成・実施により，児童生徒に新しい時代に必要となる資質・能力の育成を目指している。その実現に向けて，各学校での「主体的・対話的で深い学び」の実現に向けた授業改善とカリキュラム・マネジメントの推進がキーワードとなっている。学校において編成する教育課程は，目指す児童生徒像の育成を踏まえて学校教育の目的や目標を達成するために，教育の内容を児童生徒の心身の発達に応じ，授業時数との関連において総合的に組織した各学校の教育計画である。この意味で，教育課程の編成・実施においては，児童生徒の発達の段階の特性及び学校や地域の実態を考慮し，学校は教育活動を展開する必要がある。そして，このことの重要性について，今次の学習指導要領「総則」では，児童生徒の発達の支援という節を新設したことは特筆すべきことである。

1 特別活動における「発達の段階に即した指導」

　「発達の段階に即した指導」とは，教師が，児童生徒の発達の段階を考慮し，指導計画を立案するとともに創意工夫した指導を展開することである。小学校特別活動編解説では，この「考慮」することについて，「人間としてそれぞれの時期に達成しておくべき『発達課題』，『学校生活における集団活動の発達的な特質』，『発達の段階に即した指導のめやす』などの一般的な考え方や実際の学級の児童や集団の状況などを考慮して……」と具体的に示している。

2 現代の発達課題

　発達課題とは，子供が一人の人格をもつ人間として発達していく過程で，それぞれの発達段階において，学習し，また身につけることが期待される適応の課題である。そして，その課題の達成が適切でなければ，その時期やその後の時期の健康な生活にも支障をきたすことになる。

　各発達段階における適応課題の基準の研究については，エリクソン

(Erikson, E.H.) やハヴィガースト（Havighust, R.J.）をはじめ，我が国でも多くの研究者がそれぞれの発達課題を提唱している。教育上，これらの発達課題を目安に発達段階での指導を考えることは便宜である。しかし，今日のように急激な社会変化の中では，発達の目標や基準も不明確になってきている。そこで，何が中心的な課題であるかを再確認することは，今日の児童生徒の教育にとって重要な課題といえる。

3 集団の発達や特性を考慮すること

児童生徒が生活する学校での集団は様々である。集団に所属する児童生徒の相互作用の過程でその集団自体も発達する。学級集団を例にとれば，一般的には，さぐりあい，同一化，集団標準の発生，集団態度形成のそれぞれの時期を経過していく。その他にも，集団としての凝集性や親和性等の程度も考えられる。児童生徒を指導する際には，これらの集団の発達や特性を想定した指導計画を立案することが重要である。

4 小・中学校の発達の段階に即した指導のめやす

特別活動の指導の改善の重要な視点として，児童生徒の発達段階に応じた課題を意図的・計画的に指導することがあげられる。特に，よりよい人間関係や望ましい集団の形成を目指すためには，言語力の育成を図るとともに，自治的な活動を重視していくことが大切である。そのため，小・中学校を例にとれば次のような内容に指導の重点を置くことも有効である。

発達や学年の段階に応じた内容の重点化の例

発達や学年の段階	指導内容の重点化例
小学校低学年	・集団活動への適応　・基本的生活習慣の確立
小学校中学年	・当番や係活動の充実　・体験的活動の重視
小学校高学年	・クラブ活動に加えて，異年齢交流活動の推進
中学校	・集団活動への適応　・学業や進路に関する指導の充実 ・地域との連携推進

〔指導上の留意点〕
○　学級や学校における生活上の問題を話し合いにより解決する活動を重視する。
○　国語科等で学習した既習内容を学級活動，児童会・生徒会活動など様々な話し合いの場で体験的に理解する実践を重視する。
○　実生活や実社会で役立つ言語を育成するため，あいさつや言葉遣いを重視する。さらに，地域との交流活動，児童会・生徒会と地域の方々との話し合いを通して，コミュニケーション能力を高める指導を重視する。

（美谷島正義）

第2章 特別活動の基礎・基本

道徳教育

1 道徳教育の教育課程上の位置付け

　我が国の小中学校における道徳教育は，学習指導要領において，「特別の教科である道徳（以下「道徳科」という。）を要として学校の教育活動全体を通じて行う」（第1章総則第1の2の(2)）とされている。

　1958（昭和33）年の学習指導要領改訂で特設された「道徳の時間」は，2015（平成27）年の学習指導要領一部改正により，新たに「特別の教科」として位置付けられることとなったが，学校の教育活動全体を通じて道徳教育を行うという方針は継承されている。特別活動には，道徳科と連携して，道徳教育を行うことが求められているのである。このことは学習指導要領の特別活動の章に次のように示されている。

　　「第1章総則の第1の2の(2)に示す道徳教育の目標に基づき，道徳科などとの関連を考慮しながら，第3章特別の教科道徳の第2に示す内容について，特別活動の特質に応じて適切な指導をすること」。

　高等学校では，学習指導要領に特設時間の設定はなく，道徳教育は「人間としての在り方生き方に関する教育」として，学校の教育活動全体を通じて行うとされている。特別活動は，公民科とともに，道徳教育の「中核的な指導の場面」（学習指導要領総則）に位置付けられている。

2 特別活動における道徳教育

　特別活動における道徳教育は，学校における道徳教育全体の目標の下，特別活動の特質に応じて行われる。

　道徳教育の目標は，学習指導要領総則に次のように示されている。「自己（人間としての）の生き方〔人間としての在り方生き方〕を考え，主体的な判断の下に行動し，自立した人間として他者と共によりよく生きるための基盤となる道徳性を養うことを目標とする」（小学校・（　）内は中学校，〔　〕内は高等学校）。

　特別活動で育成をめざす三つの資質・能力—人間関係形成・社会参

062

画・自己実現―は，それぞれ「人間関係をよりよく形成すること」，集団や社会を「よりよくしようとするために参画すること」，現在及び将来の自己の生活の課題を発見し，「よりよく改善しようとする」ことと示されている。これらはいずれも「よりよく」という方向性を含んでいる。特別活動が目指す資質・能力の育成には，集団の現状肯定にとどまらない，「よさ」，すなわち道徳性を志向する活動が求められているのである。それは，具体的には，道徳科の「内容」，例えば「思いやり」や「正義」などの諸価値を手がかりに，今ある活動を見直し，「集団や社会の形成者としての見方・考え方」を鍛えていくことである。

　このように，特別活動の特質に応じた道徳教育とは，道徳教育のために新たな活動を加えることではない。三つの資質・能力を，「よりよく生きる」という視点を意識しながら，「様々な集団活動に自主的，実践的に取り組み，互いのよさや可能性を発揮しながら集団や自己の生活上の課題を解決する」という特別活動に固有の学習過程を通して育成することなのである。特別活動が目標とする資質・能力を育成する学習過程を充実することが，学校における道徳教育の充実につながるのである。

3 特別活動と道徳科の関連付け

　道徳科と特別活動の目標には，「生き方についての考えを深め」ることが示されている。この共通性を生かすには，特別活動と道徳科を関連付けた横断的・総合的なカリキュラム・マネジメントが必要である。

　関連付けを図る上で大切なのは，共通性とともにねらいや特質の違いを意識することである。特別活動の特質は，学校生活の文脈の中で出会う様々な問題を実際に解決していく過程を通して集団の一員としての自己の生き方について考えを深める学習，道徳科の特質は，教材を活用して事象を多面的・多角的に考え，議論する過程を通して自己をみつめる学習にある。両者は重なり合うが，力点の違いは大きい。それを意識することで，一見同じに見える「話し合い活動」や社会的スキルの体験的学習であっても，ねらいと学習過程の構想に違いが生まれるのである。

　学校教育には，豊かな人生とよりよい社会を共に実現する力を育てることが期待されている。特別活動と道徳科の連携を中核とした道徳教育のカリキュラムづくりがいっそう強く求められているといえよう。

（西野真由美）

第2章 特別活動の基礎・基本

生徒指導と特別活動

1 生徒指導の意義と課題

　生徒指導の意義は，「自己実現を図っていくための自己指導能力の育成を目指すこと」（「生徒指導提要」）にある。また，生徒指導の課題としては，大きく，①生徒指導の基盤としての児童生徒理解，②望ましい人間関係づくりと集団指導・個別指導，③学校全体で進める生徒指導の3つが考えられる（同提要）。このうち，①については，学級担任が中心となり，日ごろの人間的な触れ合いに基づいて，広い視野の上から児童生徒理解を図っていくことが，生徒指導の骨格となる。また，②については，児童生徒が互いに協力し合い，よりよい人間関係づくりが可能になるための学級や学校の教育的環境を形成していくことが求められる。さらに，③については，教育機能としての生徒指導は，教育課程の内外の全領域において行わなければならないことを示唆したものである。そうした点では，とりわけ，学級活動を中心とした特別活動は，集団や社会の一員としてよりよい生活や人間関係を築き，人間としての生き方について自覚を深め，自己を生かす能力を養っていく上で，生徒指導のための中核的な時間となり得ると考えられる。

2 特別活動と生徒指導

　特別活動は，教育課程の内外の様々な領域の中でも，生徒指導のための中核的な時間である。こうした特別活動と生徒指導の関係について，平成29年3月告示の「小学校学習指導要領・第6章『特別活動』」の第3「指導計画の内容と取り扱い」では，一歩踏み込んで，「学級活動における児童の自発的，自治的な活動を中心として，各活動と学校行事を相互に関連付けながら，個々の児童についての理解を深め，教師と児童，児童相互の信頼関係を育み，学級経営の充実を図ること。その際，特に，いじめの未然防止等を含めた生徒指導との関連を図るようにすること」と明記している。これらの表記については，基本的に「中学校学

習指導要領」についても同じである。つまり，特別活動では，①学級活動を中心とした諸活動を通して，学級経営を充実させること。②具体的には，生徒指導との関連を図り，とりわけ，いじめを未然に防ぐことを求めている。

以上の点をふまえて，たとえば，平成29年告示中学校学習指導要領解説「特別活動編」では，次の２点について改めて強調している。

第１に，学級経営と学級活動における生徒の自治的活動を実りあるものにするためには，教師と生徒との信頼関係や，生徒同士の信頼関係が何よりも重要であること，その上で，学級活動における話合い活動を通して，学習や生活の基盤となる学級経営の充実を図っていくことを求めている。

第２に，学級経営と生徒指導との関連では，いじめの背景には，学級内の人間関係に起因する問題が考えられることから，学級での自治的な活動や様々な体験活動を通して，多様な他者を尊重する態度を養い，一人一人の自己肯定感を高める指導が不可欠であるとしている。

3 コミュニケーション能力の育成

いじめをなくし，互いの存在を認め合い，尊重しあえる学校生活を可能にしていくためには，特別活動に代表される集団活動を通して，児童生徒一人一人が豊かなコミュニケーション能力（社会的スキル）を育んでいく必要がある。コミュニケーション能力には，①「素直に謝る」「すぐに怒らない」「乱暴な言葉づかいをしない」など，他者との関係を断つことなく維持できる関係維持力，②「手伝いをする」「掃除や片付けをする」「友だちが困っていたら助ける」などの他者との関係をこれまで以上に向上させ，高められる能力としての関係向上力，③「Yes, No の意思表示ができる」「自分の意見や考えを述べることができる」といった，自分の考えや思いを相手に伝えられる主張力の３つの側面がある（鈎　治雄他　2008）。

生徒指導を実りあるものにするためには，学級活動における顔と顔を突き合わせた話し合い活動や，クラブ活動や学校行事等における異年齢集団活動を通して，ソーシャル・ネットワーク・サービス（SNS）に自らの生活を支配されない，豊かなコミュニケーション能力を着実に培っていくことが何よりも求められているといえよう。　　　　（鈎　治雄）

三訂 **キーワードで拓く新しい特別活動**
平成29年版・30年版学習指導要領対応

第3章

特別活動の内容・関連領域

学習指導要領によれば，特別活動の内容・活動には，学級活動・ホームルーム活動，児童会活動・生徒会活動，クラブ活動，学校行事がある。部活動は，学習指導要領上，特別活動には含まれないが，特別活動と関連の深い活動である。また，ボランティア活動も特別活動の中で実施されることが多く関連が深い。本章では，これらの特別活動の内容と関連領域について解説する。　　　（鈴木　樹）

第3章 特別活動の内容・関連領域

学級活動・ホームルーム活動

1 学級活動・ホームルーム活動の定義と起源

　学習指導要領を基準として小中高の教育課程に位置づけられた特別活動における内容領域の1つである。学級（高校はホームルーム）を単位に実施される。学級担任教員が行う生徒指導や児童生徒の話合い活動などの自治的活動が計画的・組織的に行われる授業時間・活動場面である。毎週の1単位時間（45〜50分）の授業と毎日の始業時・終業時の短学活（高校はショート・ホームルーム）で構成される。

　昭和22（1947）年の学習指導要領一般編（試案）で設けられた授業科目「自由研究」を改めて，昭和26年に小学校が学級（を単位としての）活動，中高はホームルームが設定された。その後学習指導要領の改訂に伴って名称や授業時間数などが変更された。平成元年の改訂から小中は学級活動，高校はホームルーム活動となって現在に至る。

2 目標と活動内容

　新しい学習指導要領（小中は平成29年，高校は平成30年改訂）では，学級活動・ホームルーム活動の目標が以下の通りに改められた。

　　「学級（ホームルーム）や学校での生活をよりよくするための課題を見いだし，解決するために話し合い，合意形成し，役割を分担して協力して実践したり，学級（ホームルーム）での話合いを生かして自己の課題の解決及び将来の生き方を描くために意思決定したりすることに，自主的，実践的に取り組むことを通して，第1の目標に掲げる資質・能力を育成することを目指す」

　この目標の1〜2行目は，次頁「学級活動・ホームルーム活動の活動内容に関する小中高比較表」の活動内容(1)「学級（HR）や学校における生活づくりへの参画」に相当し，学級会における話合い活動である。話合いの中で人間関係の形成と合意形成とを調整する働きが求められる。

　目標の3〜4行目は次頁比較表の活動内容(2)及び(3)に対応する。学級

068

担任教員にとっては前者が適応のガイダンスで，後者は選択のガイダンスの場面となる。児童生徒の社会参画及び自己実現は，子どもの自発性を重視した教師のプラグマティズム的な教育観によって促進されていく。

3 実践上の課題

　新しい学習指導要領では学級担任教員が行う学級経営や生徒指導との関連を図ること，いじめの未然防止等を意図したカウンセリング（教育相談を含む）による個別指導が強調されている。特に学級活動・ホームルーム活動における「深い学び」の内実とその追究が課題となる。

学級活動・ホームルーム活動の活動内容に関する小中高比較表

	小学校	中学校	高等学校
(1) 学級・HR や学校における生活づくりへの参画	学級・HR や学校における生活上の諸問題の解決		
	学級・HR 内の組織づくりや役割の自覚		
	学校における多様な集団の生活の向上		
(2) 日常の生活や学習への適応と自己の成長及び健康安全	基本的な生活習慣の形成		
	よりよい人間関係の形成	自他の個性の理解と尊重，よりよい人間関係の形成	
		男女相互の理解と協力	
			国際理解と国際交流の推進
		思春期の悩みの解決，性的な発達への対応	青年期の悩みや課題とその解決
	心身ともに健康で安全な生活態度（や習慣）の形成		生命の尊重と心身ともに健康で安全な生活態度や規律ある習慣の確立
	食育の観点を踏まえた学校給食と望ましい食習慣の形成		
(3) 一人一人のキャリア形成と自己実現	現在や将来に希望や目標をもって生きる意欲や態度の形成	社会生活，職業生活との接続を踏まえた主体的な学習態度の形成と学校図書館等の活用	学校生活と社会的・職業的自立の意義の理解
	主体的な学習態度の形成と学校図書館等の活用		主体的な学習態度の確立と学校図書館等の活用
	社会参画意識の醸成や働くことの意義の理解	社会参画意識の醸成や勤労観・職業観の形成	
		主体的な進路の選択（決定）と将来設計	

〈注〉　表中ではホームルームを HR と略記．（　　）内は中学又は高校での追加表記．

（木内隆生）

第3章 特別活動の内容・関連領域

児童会活動・生徒会活動

1 児童会・生徒会活動の目標と目的

　児童会・生徒会活動は学校の児童生徒全員で組織し，自分自身や他の児童生徒にとってよりよい学校生活にするために自発的・自治的に取り組む活動である。

　学習指導要領の改訂による内容の改善点において，社会参画を目指した主権者教育の充実の観点から，自治的活動と児童生徒が組織づくりを行うことの重要性があげられている。

　学級活動・ホームルーム活動，小学校で行うクラブ活動でも自治的活動は行われる。それらと比べると全校の児童生徒で組織されている児童会・生徒会活動は，全員がその活動に関わるために，組織や話合い等の手続きが整備されることが必要となる。

　18歳選挙権や，18歳が成人年齢になることに関わって主権者教育の充実が必要となるが，単に児童会・生徒会役員を選ぶ選挙などの活動に着目するのではなく，学校全体の児童生徒との協力による1人ではなしえない活動の充実や，そのことを実現する人間関係形成が重要である。

　そのために，多くの児童生徒が関わる児童会・生徒会活動においては，どのような組織や規則を定めれば，会員である全児童生徒が活動に参画することができるのかを考えることが必要であり，それを実践するための組織づくり，規則づくりが大切になる。

　単に学校行事への協力や，集団活動を行う上での役割分担をこなすだけの委員会活動のみに終わることなく，「よりよい学校づくり」を目指す活動を組織することが必要となる。

2 児童会・生徒会活動の低調さ

　特別活動は戦後，民主主義を教育するために設置された。知識を中心とした学びは社会科で行い，民主主義を実践によって学ぶ役割を特別活動は担うことになった。児童会・生徒会活動は学校という小さな社会の

運営を，学級を中心とした小さな単位から話し合い，合意し決定するという下からの民主主義を実践する場とすることが望まれた。

　しかし，現実には児童生徒が積極的に活動せず，教員の言いなりの活動になっていたり，一部の役員のみが活動するにとどまっていたりするなど，活動が低調であることが指摘されている。特別活動研究では，この活動の低調さの原因として，学校，教員による児童会・生徒会活動の活動範囲の制限とするものや，児童会・生徒会に民主的機構を児童生徒の理解より先に整備しすぎたことが指摘されている。

3 児童会・生徒会活動の活性化に向けて

　最後に児童会・生徒会活動を活性化し，そのことで児童生徒が実践からよりよく学ぶために必要となることを述べる。

　特別活動に大きな影響力を与えた教育学者J.デューイはその著書『民主主義と教育』において，教育の役割として次の2点をあげている。1点目が「おとなが子どもに文化を伝達し，社会の構成員とすること」であり，2点目が「子どもに新たな社会を創造するために必要な能力を身につけさせる」ことである。学習指導要領の解説では，「組織づくり」が重要だとされているが，このことはデューイが指摘した1点目にあたる。児童会・生徒会活動の低調さの原因で指摘した民主的機構を整備したことは，児童生徒にこの社会の仕組みを学ばせることとして必要だった。

　しかし，それではデューイの2点目の指摘である「新たな世界を創造する」ための力を育むことはできない。学習指導要領の改訂で，先の見通せない変化の激しい世界を生きていく子どもたちに必要な資質・能力を身につけさせることが必要としている。グローバル化の進展で，日本の社会の仕組みを知らない隣人と，社会をともに創っていかなければならない。そのためには，児童会・生徒会活動において，自らが生活する学校をよりよくするという目的を，全学校の児童生徒の協力と合意のもとに達成するために必要な組織づくりの経験をすることが必要となるのである。ただし，教員は組織づくりにおいてやや完璧さを求めてしまう。しかし，時々の環境の変化で組織に求められるものは変化する。つまり，全児童生徒で合意し組織を作ったとしてもそれを暫定的な合意ととらえ，常に集団の目的に合わせて改変することが必要である。このことを小学校から繰り返し指導することが望まれる。　　　　（小原淳一）

第3章 特別活動の内容・関連領域

クラブ活動

　クラブ活動は，小学校において主として第4学年以上の異年齢の子どもが，共通の興味・関心を追求する活動であり，その運営は子どもの自発的，自治的な活動を通して行われるようにすることが大切である。

1 クラブ活動の変遷

　小学校におけるクラブ活動は1958年の学習指導要領で「主として中学年以上の同好の児童が組織」して行うことが示された。

　中学校では1969年，高等学校では1970年の学習指導要領においてクラブ活動を毎週1単位時間実施することなどが示され，いわゆる「必修クラブ」と「部活動」の"二本立て"で進められた時期がある。当時の「部活動」は，毎日の放課後の活動，土・日の活動等，勤務時間をオーバーして行われており，教員の労働条件の改善要求や，諸外国に見られるように社会教育に属するもので，教員の本務ではなく社会教育に移行すべきとの指摘があった。そこで文部省は，従来から行われてきた部活動の教育的意義を残すため，教育課程に位置付けた全生徒を対象とした「必修クラブ」を誕生させたのである。

　「必修クラブ」は，「授業クラブ」「課内クラブ」「一斉クラブ」等の名称で実施されたが，1単位時間での活動であるため時間不足，施設・設備の不足など，生徒の要望に沿うことが十分できず，多くの学校で混乱を生じた。一方，社会教育への移行を目指した「部活動」は，学校教育中心で進められてきた伝統と社会教育の受け皿が少ないまま展開され，従来通り，その学校の教師と生徒で組織して活動することが継続した。

　こうした状況から，1989年の学習指導要領では「なお，部活動に参加する生徒については，当該部活動への参加によりクラブ活動を履修した場合と同様の成果があると認められるときは，部活動への参加をもってクラブ活動の一部又は全部の履修に替えることができるものとする」という，いわゆる「部活代替」の措置が取られることになった。しかし，クラブ活動の実施上の課題は多く，中学校では1998年，高等学校では1999年の学習指導要領の改訂によりクラブ活動は廃止され，以後，クラ

ブ活動は小学校の特別活動のみで行われることとなった。

2 クラブ活動の教育的意義

クラブ活動は，異年齢の子ども同士で協力し，共通の興味・関心を追求する集団活動の計画を立てて運営することに自主的・実践的に取り組むことを通して，個性の伸長を図りながら，特別活動の目標に掲げられた資質・能力の育成を目指して活動が展開される。

クラブ活動は部活動と同様，子どもの成長にとって以下のような教育的意義があると考えられる。

① クラブ活動等は，子どもの成長に必要な活力やエネルギーを育てる重要な機会・場となる。

② 異年齢集団の活動を通して，人間として自立するための要素となる集団性や組織性について体得する機会・場となる。

③ 興味・関心のあるものを自ら選択し，追求する活動を通して，「豊かな人間性」を身に付け，個性の伸長を図る機会・場となる。

3 クラブ活動の内容及び授業時数

クラブ活動においては，「クラブの計画や運営」「クラブを楽しむ活動」「クラブの成果の発表」を通して，クラブ活動の目標の実現を図る。その際，子どもにとって，楽しい時間であることを十分に受け止め，子どもにとってより楽しいクラブ活動が実施できるように工夫することが求められる。また，活動に際しては異年齢集団による交流を重視するとともに，幼児，高齢者，障害のある人々等との交流や対話及び共同学習の機会を通して，協働することや他者の役に立ったり社会に貢献する喜びを得られる活動が充実するよう配慮することも大切である。

クラブ活動の授業時数は，「平成25年度公立小・中学校における教育課程の編成・実施状況調査」によれば，「5時間以下」の学校が2.4％，「6～10時間」が37.7％，「11～15時間」が36.1％，「16～20時間」が19.9％，「21～25時間」が3.3％，「26時間以上」が0.6％であった。1977年の小学校学習指導要領の改訂では，4年生以上の特別活動の授業時数が，学級活動とクラブ活動に充てる時数として70時間が示されたが，1998年の改訂によりクラブ活動は標準時数の規定がなくなった。授業時数は「年間，学期ごと，月ごとなどに適切な授業時数を充てる」と示され，時間の確保が実施上の課題となっている。 （米津光治）

第3章 特別活動の内容・関連領域

学校行事

1 学校行事の目標と学校行事において育成できる資質・能力

　学校行事の目標は，小・中・高等学校の学習指導要領で，次のように示されている。

　小学校・中学校　全校又は学年の児童（生徒）で協力し，よりよい学校生活を築くための体験的な活動を通して，集団への所属感や連帯感を深め，公共の精神を養いながら，第1の目標に揚げる資質・能力を育成することを目指す。（「生徒」は，中学校）

　高等学校　全校若しくは学年又はそれらに準じる集団で協力し，よりよい学校生活を築くための体験的な活動を通して，集団への所属感や連帯感を深め，公共の精神を養いながら，第1の目標に揚げる資質・能力を育成することを目指す。

　小・中・高等学校の学校行事の目標の中に示されている「第1の目標」とは，小・中・高等学校の特別活動の目標であり，小・中・高等学校とも同じである。

　学校行事においては，次のような資質・能力を育成することができる。

○　各学校行事の意義や行事における活動のために必要なことを理解するとともに，規律ある行動の仕方や習慣を身に付けられる。

○　学校行事を通して身に付けたことを生かして，集団や社会の形成者としての自覚を深め，多様な他者を尊重しながら協働し，公共の精神を養い，よりよい生活をつくろうとする態度を養うことができる。

○　（小学校）学校行事を通して学校生活の充実を図り，人間関係をよりよく形成するための目標を設定したり課題を見いだしたりして，大きな集団による集団活動や体験的な活動に協力して取り組むことができる。

○　（中・高等学校）学校行事を通して集団や自己の生活上の課題を結び付け，人間としての在り方生き方について考えを深め，場面に応じ

074

た適切な判断をしたり，人間関係や集団をよりよく形成したりすることができるようになる。

学校行事の目標に掲げられている資質・能力は，次のような学習過程の中で育まれる。

「学校行事の意義の理解（各行事の意義の理解，現状の把握，課題の確認，目標の設定）」→「計画や目標についての話合い（各行事について活動目標，計画，内容，役割分担について話し合う）」→「活動目標や活動内容の決定（活動目標や計画，内容について合意形成や意思決定を図る）」→「体験的な活動の実践（他者と力を合わせて実践する）」→「振り返り（活動を振り返り，まとめたり発表し合ったりする。実践の継続や新たな課題の発見につなげる。結果を分析し次の行事や次年度の行事に生かす）」

2 学校行事の内容と計画をする上での配慮事項

学校行事の内容として，小・中・高等学校は，次の通りである。
(1)儀式的行事　(2)文化的行事　(3)健康安全・体育的行事　(4)遠足（旅行）・集団宿泊的行事　(5)勤労生産・奉仕的行事

5つの内容が学習指導要領に示されている。（「旅行」は，中・高等学校）

学校行事を計画し実行する上では，次のような配慮が必要である。
(1)学校の創意工夫を生かし，特色ある学校づくりを進める。学級や学校，地域の実態，児童（生徒）の発達などを考慮する。

学校行事は，特色ある学校づくりを進める上で有効な教育活動である。全教職員が共通理解を深め，協力してよりよい計画を生み出すようにすることが大切である。また，学校規模，体育館や運動場などの物的環境などを配慮して計画を作成すること。
(2)児童（生徒）による自主的，実践的な活動が助長されるようにする。

学校行事は，学校が計画し実施するものであるが，児童（生徒）に積極的に関わらせ，かつ，自主的，実践的な活動にすること。
(3)家庭や地域の人々との連携，社会教育施設等の活用などを工夫する。

学校行事においては，体験的な活動を効果的に展開するためには，家庭や地域の協力を得たり，地域の自然的，地理的，文化的な環境や社会教育施設を活用するなどの工夫が大切である。　　　　　　（勝亦章行）

第3章 特別活動の内容・関連領域

儀式的行事

1 儀式的行事のねらいと内容

(1) 儀式的行事のねらいと育成される資質・能力

　小・中学校学習指導要領（平成29年告示），高等学校学習指導要領
（平成30年告示）には，儀式的行事のねらいを次のように示している。

> 　学校生活に有意義な変化や折り目を付け，厳粛で清新な気分を味
> わい，新しい生活の展開への動機付けとなるようにすること。

　このねらいは，前回の学習指導要領と同じである。
　また，儀式的行事で育成される小・中・高等学校の資質・能力につい
ては，次のように示されている。
○　儀式的行事の意義や，その場に場面にふさわしい参加の仕方につい
　て理解し，厳粛な場における儀礼やマナー等の規律，や気品のある行
　動の仕方などを身に付けるようにする。（小・中・高等学校）
○　新しい生活への希望や意欲につなげるように考え，集団の場におい
　て規則正しく行動することができるようにする。（小学校）
○　学校生活の節目の場において先を将来を見通したり，これまでの生
　活を振り返ったりしながら，新たな生活への自覚を高め，気品ある行
　動をとることができるようにする。（中学校・高等学校）
○　厳粛で清新な気分を味わい，行事を節目として希望や意欲をもって
　これからの生活に臨もうとする態度を養う。（小学校）
○　厳粛で清新な気分を味わい，行事を節目としてこれまでの生活を振
　り返り，新たな生活への希望や意欲につなげようとする態度を養う。
　　　　　　　　　　　（中学校・高等学校）下線：中学校　網掛け：高等学校
これらの資質・能力を育成するために以下のような点に留意したい。
①　実施する行事が，学校生活に変化や折り目を付けさせるものである
　こと。

② 厳かな雰囲気のもと，児童生徒に清々しい気分を味わわせること。
③ 行事を通して，児童生徒に新たな生活への希望や目標をもたせること。

⑵ 儀式的行事の内容

儀式的行事には，全校の児童生徒及び教職員が一堂に会して行う活動であり，その内容には，入学式，卒業式，始業式，終業式，修了式，開校記念に関する儀式，着任式，新任式，離任式，朝会などが考えられる。

また，学校生活に変化や折り目を付けさせる行事であるということを考慮すれば，小学校１年生から中学校３年生までの一貫した教育を行っている小中一貫校などでは，小学校４年生で実施する二分の一成人式や中学校２年生で実施する立志式などの行事も考えられる。

2 実施上の留意点

⑴ 事前の指導を充実させること

儀式的行事を実施するにあたって最も留意しなければならないことは，儀式に参加する児童生徒にその行事の意義を事前に知らせ，参加意欲を高めておくことである。そのために，学級活動やホームルーム活動との関連を図って，実施する行事の意義や行事のプログラム，参加するにあたっての個人や集団の心構えなどを十分に理解させておきたい。

⑵ 日常の生活とは異なる環境をつくり出すこと

儀式的行事が，厳かな雰囲気のもと，児童生徒に清々しい気分を味わわせる行事になるためには，行事が行われる場やその周辺の掃除が行き届いていることはもちろんのこと，国旗や校旗などを掲揚したり，その行事にふさわしい作品などを掲示したり，児童生徒や来賓，学校の職員の座席の位置を工夫したりして行事の場にふさわしい環境を構成することが大切である。

⑶ 言語活動を充実させること

行事を通して，児童生徒に新たな生活への希望や目標をもたせるためには，場の確保が大切である。具体的には「児童生徒の決意表明」「新学期に向けての抱負」「自分の夢」などの発表の場をプログラムに設定したり，行事後の学級活動やホームルーム活動などに新たな生活への希望や目標を書いたり話したりするなどの言語活動を位置付けることである。

(脇田哲郎)

第3章 特別活動の内容・関連領域

文化的行事

　学校行事の中でもとりわけ文化的行事は自己が活躍しているという実感を得やすい活動である。そのねらいは，平素の学習成果を発表し，自己の向上の意欲を一層高め，文化や芸術に親しんだりできるようにすることである。

　具体的には音楽会・展覧会（作品展）・学芸会・学習発表会・クラブ発表会等のように児童の日頃の学習の成果を発表し合い，互いに鑑賞し合う行事と，芸術鑑賞教室・観劇・美術館見学のように児童の手によらない本物の芸術に触れる鑑賞を中心とした行事がある。

　発表し合い鑑賞し合う行事のポイントは，児童が自分のよさを伸ばしながら，仲間と共に作り上げる体験ができるところに価値がある。

　例えば音楽会では音楽専科教員が指導の中心になって，音楽の学習の成果を披露することが多くなるが，合奏にしても，合唱にしても児童が各自のパートを担いながら，互いの音を聞き合って作り上げるという点では主体的な意思決定と協力が必要になる。

　また，音楽だけでなく他の教科と連携して行うこともある。アフリカンシンフォニーの演奏時に，図画工作で作ったアフリカのお面を使って雰囲気を出したり，国語の単元と連携して，合唱をミュージカル仕立てにしたりすることも考えられる。音楽が得意な児童でなくても，自分の担当する部分をしっかりと演じることで，大きな音楽を作り出すことに貢献できるのである。

　学芸会では，教員が題材を選び，取組の流れを作っていくが，児童も演技の中で自分なりの工夫を考えることで自分のよさを発揮したり，友達との言葉のキャッチボールをしながら共に演じたりと，人間関係を感じながら活動することができる。であるから，他校の完成品やプロの作品のビデオを見せて，真似をさせるのは学芸会の学びの質を下げてしまう。

　また，総合的な学習の時間の発表という形で取り組むともある。児童が地球環境について学び，温暖化の進む地球を自分たちが救おうという

劇を作って演じることで，自分たちの学びを保護者や地域に発信するなど，観客に自分たちの思いを伝えたいという思いをもって演じることもできる。

展覧会は図画工作の作品の展示が中心であるが，学校全体でテーマを決めて，全校や学年で共同作品を作ったり，家庭科の作品を展示したりなど図画工作の域を超えた取り組みを生かすことができる。また中学校の美術部の作品を展示して，小学生に憧れをもたせるなど，小学校と中学校の教育活動を連携することにもつながる。

展示型の発表では，児童がその場で活躍する部分が少ないので，当日見に来た大人に，自分たちの作品を説明するガイドなどを行う活動を加えたり，その場で作っている様子を見せたりするなど，児童の活躍の場を作る工夫も考えられる。

学校行事は教師が中心となって行う活動であるが，その一部の運営を児童に任せて，創意工夫しながら活躍させ，仲間とともに学校行事を作り上げる体験をさせることで達成感や，満足感などの感動を味わうことができるようにする。

さらに，体験の中で自分自身のよさに気付くだけでなく，ともに頑張ってきた友達のよさにも気づくことができ，お互いに認め合えるようになる。

鑑賞型の文化的行事は，本物を見たり聞いたり触れたりして，質の高い文化を味わい，豊かな感性を養うことに役立つ。特に日頃触れることの少ない伝統文化（歌舞伎や能，浄瑠璃等）やオーケストラ，オペラ等との出会いは，視野を広げ児童の興味関心を高めることにもつながる。

文化的行事で体験し，身に付けた表現力や創造力は，その後の児童会の発表集会や，学級でのお楽しみ会，子供祭りの出店など，様々な学校生活の中で生かされ，表現することを楽しみ，学校生活そのものの質を高めることにつながる。

文化的行事で日頃の教育活動を保護者や地域に発信することで，一人一人の児童への賞賛と同時に，学校として十分な教育活動を行っているという発信になる。そしてそれは学校への信頼につながるのである。

目的を職員全員で確認して，効果的な学校行事にしていきたいものである。

（清水弘美）

第3章 特別活動の内容・関連領域

健康安全・体育的行事

1 健康安全・体育的行事のねらいと具体的な活動

　現在の健康安全・体育的行事に相当する活動は，昭和33年の学習指導要領において，「特別教育活動」とは別の「学校行事等」の中で，「保健体育的行事」と「学校給食その他」として教育課程に位置づけられた。その後，「特別教育活動」と「学校行事等」の統合や行事名の変更など，様々な変遷を経て現在の形になっている。

　健康安全・体育的行事のねらいについては，学習指導要領解説特別活動編において，「児童（生徒）自らが自己の発育や健康状態について関心をもち，心身の健康の保持増進に努めるとともに，身の回りの危険を予測・回避し，安全な生活に対する理解を深める。また，体育的な集団活動を通して，心身ともに健全な生活の実践に必要な習慣や態度を育成する。さらに，児童（生徒）が運動に親しみ，楽しさを味わえるようにするとともに体力の向上を図る。」（小・中・高が同一文と示されている。（小学校・中学校・高等学校が同一文である。）

　健康安全・体育的行事の具体的活動には，次のようなものがある。

(1)　健康に関する行事…健康診断，薬物乱用防止，健康や学校給食に関する意識や実践意欲を高める行事など

(2)　安全に関する行事…避難訓練，交通安全，防犯，防災訓練など

(3)　体育的な行事…運動会（体育祭），競技会，球技会など

2 健康安全・体育的行事において育成する資質・能力

　健康安全・体育的行事において育成する資質・能力としては，小学校学習指導要領解説特別活動編において，次のように示されている。

○　心身の健全な発達や健康の保持増進，事件や事故，災害等の非常時から身を守ることなどについてその意義を理解し，必要な行動の仕方などを身に付ける。また，体育的な集団活動の意義を理解し，規律ある集団行動の仕方などを身に付ける。

○　自己の健康や安全についての課題や解決策について考え，他者と協力して，適切に判断し行動することができるようにする。また，運動することのよさについて考え，集団で協力して取り組むことができるようにする。

○　心身の健全な発達や健康の保持増進に努め，安全に関心をもち，積極的に取り組もうとする態度を養う。また，運動に親しみ，体力の向上に積極的に取り組もうとする態度を養う。

❸ 健康安全・体育的行事の課題・配慮事項

(1)学校の教育目標との整合性や各行事のねらいと配当時数（準備時間も含む）を明確にして，教師間の協力体制を万全にして実施する。

(2)健康安全に関する行事については，自転車運転時などの交通規則を理解させ，事故防止に対する知識や態度を体得させたり，自然災害や犯罪などの非常事態に際し，沈着，冷静，迅速，的確に判断して対処したりする能力を養う。また，喫煙，飲酒，薬物乱用などの行為の有害性や違法性，防犯や情報への適切な対処や行動について理解させ，正しく判断し行動できる態度を身に付けさせる。

(3)健康診断を実施する場合には，健康診断や健康な生活のもつ意義，人間の生命の尊さ，異性の尊重，健康と環境との関連などについて，健康・安全に関する指導の一環としてその充実を期する。

(4)避難訓練は，避難先を変えたり，休み時間や清掃時間に抜き打ちで訓練したり，校外学習時での実施や地域の防災訓練に参加したりするなど，具体的な場面を多様化する。児童生徒が自分の判断で避難できるよう，臨機応変な対応力・判断力や防災への意識向上を図る。

(5)体育に関する行事においては，児童生徒の活動の意欲を高めるように工夫するとともに，全体として調和のとれたものにする。

特に，運動会（体育祭）では，そのねらいが健康安全・体育的行事のねらいや体育科等の目標から大きく逸脱していないかを確認し，伝統的に行われてきた種目（組み体操，棒倒し，ムカデ競走等）の安全対策を徹底する。また，各種の競技会では，いたずらに勝負にこだわることなく，また，一部の児童生徒の活動にならないようにする。

(井田延夫)

第3章 特別活動の内容・関連領域

旅行（遠足）・集団宿泊的行事

　この領域は小学校では「遠足・集団宿泊的行事」，中学校と高等学校では「旅行・集団宿泊的行事」と呼ばれ，学習指導要領において，「（自然の中での集団宿泊活動などの）平素と異なる生活環境にあって，見聞を広め，自然や文化などに親しむとともに，よりよい人間関係を築くなどの集団生活の在り方や公衆道徳などについての体験を積むことができるようにすること」と定められている（括弧内は小学校のみ）。内容として，遠足，修学旅行，野外活動，集団宿泊活動，移動教室（移動教室は中学校のみ）を含む。この行事には3つの目的があり，①校外の豊かな自然や文化に触れる体験を通して学校における学習活動を充実発展させること，②教師と児童生徒，そして児童生徒相互の人間的な触れ合いを深め，信頼関係を築くことで楽しい思い出を作ること，③基本的な生活習慣や公衆道徳について体験的に学び，よりよい人間関係を形成しようとする態度を養うこと，を念頭に計画・実施することが大切である。特に宿泊を伴う行事は，その効果を高めるために5日間程度の期間を設けるべきである。以下に実施と指導上の留意点を挙げる。

■1 各教科や他領域，行事間の連携を意識して計画すること

　遠足・集団宿泊活動・修学旅行は各教科等の学習や総合的な学習の時間（高等学校では総合的な探究の時間）と深い関わりをもつ。そのため，教科や総合的な学習（探究）の時間の学習活動を含む計画を立て，授業時数に含めて扱うなど，柔軟な年間指導計画を作成する。教科との連携として，例えば，外国語を集中的に学習するイングリッシュキャンプ，実際に星空や地層等の観察を行う自然教室，農林水産業施設の見学学習などが考えられる。また，行事間の統合として，集団宿泊において登山をする際に，山道のごみ拾いなどの清掃活動を行うことで，勤労生産・奉仕的行事としても実施できる。しかしながら，通常の学校生活で行うことのできる教育活動はできるだけ除き，その環境でしか実施できない教育活動を豊富に取り入れるようにしなければならない。事前の学

習や，事後のまとめや発表などを工夫し，体験したことがより深まるように指導する。例えば，感想文をまとめたり，お世話になった方々に手紙を書いたり，発表会をしたり，他の学年の児童生徒，保護者や地域の住民に対する報告会を開催したりして，単なる物見遊山に終わることのない有意義なものとすることが大切である。

2 児童生徒の健康と安全に配慮して実施すること

実施に先立ち，必ず実地踏査を行い，内容や時間配分が児童生徒の発達段階に適したものとなっているか，荒天時にどう対応するか，危険な個所がないか等を慎重に調べるとともに，現地施設の従業員や協力者等との事前の打合せを十分に行う必要がある。特に，自然災害などの不測の事態に対して，地理的条件を考慮した安全の確保と，避難の手順について事前に確認し，自校との連絡体制を整えておく。また参加する児童生徒の健康診断や健康相談を行い，食物アレルギー等に関する個々の児童の健康状態を把握しておく。小学校においては，活動する現地において集合や解散をすることは望ましくない。上記の健康と安全に関する事項は，事前に保護者にも必要事項を十分に説明しておく必要がある。

3 児童生徒の主体的で積極的な関与を引き出すこと

児童生徒の発意・発想を生かした計画によって実施したり，各委員会の活動内容を生かした活動を取り入れて実施したりする。学級活動（ホームルーム活動）において，事前に，目的・日程・活動内容について指導を十分に行い，児童生徒の参加意欲を高める。この行事においても，「学校行事における学習過程」を意識することが大切であり，「学校行事の意義の理解」⇒「計画や目標についての話合い」⇒「活動目標や活動内容の決定」⇒「体験的な活動の実践」⇒「振り返り」⇒「次の活動や課題解決へ」と，PDCA サイクルを意識して指導していく。

4 場所の選び方

地域社会の社会教育施設等を積極的に活用する。小学校においては人間関係の希薄化，自然体験の減少への対応として，自然の中や農山漁村等における集団宿泊活動を重点的に推進することが求められている。

(山田真紀)

第3章 特別活動の内容・関連領域

勤労生産・奉仕的行事

1 勤労生産・奉仕的行事のねらい・特質と内容

(1) 勤労生産・奉仕的行事のねらいと特質

　小学校学習指導要領第6章の第2の〔学校行事〕「2内容」(5)において，「勤労の尊さや生産の喜びを体得するとともに，ボランティア活動などの社会奉仕の精神を養う体験が得られるようにすること。」と規定されている。また，「小学校学習指導要領解説特別活動編」(平成29年3月) においても，「学校内外の生活の中で，勤労生産やボランティア精神を養う体験的な活動を経験することによって，勤労の価値や必要性を体得できるようにするとともに，自らを豊かにし，進んで他に奉仕しようとする態度を養う。」と，ねらいが示されている。また，勤労生産・奉仕的行事において育成することが求められる資質・能力には，次の3点が挙げられている。

- ① 　勤労や生産の喜び，ボランティア活動などの社会奉仕の精神を養う意義について理解し，活動の仕方について必要な知識や技能を身に付けるようにする。
- ② 　自他のよさを生かし，よりよい勤労や生産の在り方，働くことの意義や社会奉仕について考え，実践することができるようにする。
- ③ 　学校や地域社会など公共のために役立つことや働くことへの関心をもち，勤労や生産，他者への奉仕に積極的に取り組もうとする態度を養う。

(2) 勤労生産・奉仕的行事の内容

　勤労生産・奉仕的行事の例示として，「飼育栽培活動」，「校内美化活動」，「地域社会の清掃活動」，「公共施設等の清掃活動」，「福祉施設との交流活動」があげられている。

- ○ 飼育栽培活動…飼育や学習園，農園の栽培に関する内容
- ○ 校内美化活動…校内美化，環境整備に関する内容
- ○ 地域社会の清掃活動…学校の周辺地域の清掃に関する内容

○　公共施設等の清掃活動…身近な公共施設等の清掃に関する内容

○　福祉施設との交流活動…地域内福祉施設の交流活動に関する内容

2 勤労生産・奉仕的行事の実施上の留意点

「小学校学習指導要領解説特別活動編」（平成29年３月）では，勤労生産・奉仕的行事における実施上の留意点について，次の６点があげられている。

ア　学校や地域社会に奉仕し，公共のために役立つことや働くことの意義を理解するなど，あらかじめ，児童が十分にその行事の教育的意義を理解し，社会参画への意欲を高めて，進んで活動できるように指導する。

イ　飼育や栽培の活動で収穫したものの扱いについては，勤労の成果としての生産の喜び，活動自体への喜びや充実感を味わえるような指導を配慮する。

ウ　ボランティア活動については，自発性・非営利性・公益性の特性に基づき，できる限り児童の発意・発想を生かした貢献活動を行い，児童が主体的に参加するように配慮する。また，活動の成果を児童相互に認め合い，自己有用感が得られるよう事後学習を充実させるものとする。

エ　勤労体験や学校外におけるボランティア活動などの実施に当たっては，児童の発達の段階を考慮して計画し，保護者の参加や地域の関係団体と連携するなど工夫して実施することが望まれる。その際，児童の安全に対する配慮を十分に行うようにする。

オ　一般的に行われている大掃除は，健康安全・体育的行事として取り上げられる場合もあるが，特に勤労面を重視して行う場合は，勤労生産・奉仕的行事として取り上げることも考えられる。

カ　「勤労生産・奉仕的行事」については，総合的な学習の時間で，ボランティア活動や栽培活動を行うことによって代替することが考えられる。その際，「勤労生産・奉仕的行事」が，「勤労の尊さ」と「生産の喜び」の両方を体得する活動であることから，例えば，総合的な学習の時間における学習活動により生産の喜びを体得できない場合には，学校行事において「生産の喜び」を体得する活動を別に行う必要がある。

(西川幹雄)

第3章 特別活動の内容・関連領域

部活動

1 部活動とは

　部活動は倶楽部活動の略で，現在では児童生徒・学生等が学校におい
てスポーツや文化的な活動に任意参加で関与する教育課程外の教育活動
を指す。明治時代に西洋から伝わり大学で始まったものが高校，中学に
広がり現在に至っている。地域によっては小学校で実施しているところ
もある。昭和42〜44年の学習指導要領改訂で小・中学校，高校で必修化
された「クラブ活動」（p.72参照）が始まり，平成10年告示の学習指導
要領で中学・高校は廃止され，現在は小学校のみ存続しているが，これ
は教育課程内の活動であることから必修クラブとも呼ばれる。これと区
別するためにカタカナのクラブではなく「部活動」「部活」と呼ばれて
いる。部活動には，大別するとスポーツを中心とする運動部と，科学や
文化的な活動を中心とする文化部とがある。

　クラブ（club）の語源は棍棒で，人々が1つの棒のようにまとまるこ
とから，同好の者が集う場所や組織という意味の言葉として使われてい
る。当て字の倶楽部は，「倶」は「ともに」，「楽」は文字通り「楽し
い」，「部」は分かれた場所を各々表す語であるから，倶楽部は「ともに
楽しむ場所」ということになる。

2 学習指導要領の規定

　平成29年告示の中学校学習指導要領の総則には以下のように記されて
いる。高校のものも同様である。

　　「生徒の自主的，自発的な参加により行われる部活動については，ス
　　ポーツや文化，科学等に親しませ，学習意欲の向上や責任感，連帯感
　　の涵養等，学校教育が目指す資質・能力の育成に資するものであり，
　　学校教育の一環として，教育課程との関連が図られるよう留意するこ
　　と。」

　冒頭に「生徒の自主的，自発的な参加」とあるように，生徒の参加は

086

あくまでも任意であり，生徒全員に入部を強制している学校は学習指導
要領から逸脱している。生徒が集団活動を通して連帯感や達成感，所属
感等を味わうなど，特別活動と同じような教育的意義がある。

3 近年の部活動問題

　近年，学校教員の長時間勤務が問題視されている。平成29年に文部科
学省が発表した「教員勤務実態調査」によると，いわゆる過労死ライン
を超えて働いている教員は中学校で約6割という状況であり，部活動に
係る時間がその一つの要因であるとされている。生徒の部活動による過
重負担も同様である。実際に「中学校学習指導要領解説総則編」（平成
29年）には，以下のような記述がある。

　「各学校が部活動を実施するに当たっては，本項を踏まえ，生徒が
　参加しやすいように実施形態などを工夫するとともに，生徒の生活
　全体を見渡して休養日や活動時間を適切に設定するなど生徒のバラ
　ンスのとれた生活や成長に配慮することが必要である。また，文部
　科学省が実施した教員の勤務実態調査の結果では，中学校教諭の部
　活動に係る土日の活動時間が長時間勤務の要因の一つとなってお
　り，その適切な実施の在り方を検討していく必要がある。」

　部活動が活動時間の量的な肥大化を招いた要因はいくつかあり，学校週
5日制の影響や教育課程外であること等がある。教育課程内の教育活動は
通常，週当たりの時間数等が学習指導要領に規定されているが，部活動は
教育課程外の活動であるためそれらが規定されていない。活動時間や内容
を各学校で自由に設定できることからエスカレートしてきた。これに対して
平成30年3月にスポーツ庁は「運動部活動の在り方に関する総合的なガイ
ドライン」を発表し，週2日休養日を設けること（うち1日は土日のいずれ
か），活動時間は平日2時間程度，土日は3時間程度とすることを提言した
（文化部活動についても同年12月に文化庁がガイドラインを発表した）。

　教員の担当の問題もある。「顧問」とは本来は相談に乗る人のことを
指すが，技術的な指導も求められているのが現状である。日本体育協会
（現，日本スポーツ協会）の調査（平成26年）によると，運動部の顧問
のうち自分が経験したことがある種目の担当は約半数である。残りの約
半数は素人ということになる。

　持続可能な部活動の在り方を考えていく必要がある。　　　（長沼　豊）

第3章 特別活動の内容・関連領域

国旗と国歌の取扱い

1 国旗と国歌の法的位置づけ

　我が国の国旗と国歌については，「国旗及び国歌に関する法律」（平成11年法律第127号）が1999（平成11）年8月13日に公布され，即日施行となり，法的に明確に規定された。我が国ではこれまでも長年の慣行により，国民の間に「日章旗」（日の丸）と「君が代」が国旗及び国歌として定着してきた経緯がある。しかし，わが国は成文法の国であること，また諸外国では国旗と国歌を法制化している国も多数あることなどから，国旗と国歌の位置づけを明確にするために，成文法でその根拠を定めることにしたのである。

　同法律では「第1条　国旗は，日章旗とする。」「第2条　国歌は，君が代とする。」とし，別記において，『第1「日章旗の制式」，第2「君が代の歌詞及び楽曲」』と定めている。

　国旗と国歌はいずれの国においても国家の象徴として大切に扱われてきており，国家にとってはなくてはならないものである。また，国旗と国歌は，国民の間に定着することを通じて，国民のアイデンティティの証しとして重要な役割を果たしていると言える。

2 学校における国旗と国歌の指導の意義とその取扱い

　学校における国旗と国歌の指導は，我が国の将来を担う児童生徒に，日本の国旗と国歌の有する意義を理解させ，それらを尊重する態度を育てるとともに，諸外国の国旗と国歌に対しても同様に尊重する態度を育てるために行うものである。国際化の進展に伴い，日本人としての自覚を養い，国を愛する心を育てるとともに，児童生徒が将来，国際社会において尊敬され，信頼される日本人として成長していくためには，国旗及び国歌に対して一層正しい認識をもたせ，それらを尊重する態度を育てることは極めて大切なことである。

　なお，学校における国旗と国歌の取扱いに関しては，前述の「国旗及

び国歌にする法律」に基づくとともに，教育基本法の第2条第5項の条文をはじめ，学校教育法の第21条第3項の条文の趣旨を十分に理解して指導に当たる必要がある。

3 学習指導要領における国旗と国歌の指導

　国旗と国歌の指導については，学習指導要領に基づき，直接的には社会科，音楽科，特別活動において指導するものとしている。すなわち，小学校社会科の第3〜5学年では，「我が国や（諸）外国には国旗があることを理解しそれを尊重する態度を養うよう配慮する」，第6学年では「我が国の国旗と国歌の意義を理解し，これを尊重する態度を養うとともに，諸外国の国旗と国歌も同様に尊重する態度を養うよう配慮すること。」と示している。中学校の社会科（公民）では，「国旗及び国歌の意義並びにそれらを相互に尊重することが国際的な儀礼であることの理解を通して，それらを尊重する態度を養うよう配慮すること。」と示している。

　小学校の音楽科では，「国歌（君が代）は，いずれの学年においても歌えるように指導すること。」と示している。

　特別活動では，小・中学校・高校ともに「第3　指導計画の作成と内容の取扱い」の3において，「入学式や卒業式などにおいては，その意義を踏まえ，国旗を掲揚するとともに，国歌を斉唱するよう指導するものとする。」と同様に示している。

　特別活動は，学校生活における国旗と国歌の指導の具体的な実践の場や機会として，また，児童生徒にとっての貴重な体験の場や機会として，特に重要な役割を担っていると言える。

　入学式，卒業式のほかに，全校の児童生徒及び教職員が一堂に会して行う行事としては，始業式，終業式，運動会（体育祭），開校記念日に関する儀式などがあるが，これらの行事のねらいや実施方法は学校により様々である。したがって，どのような行事に国旗の掲揚，国歌の斉唱指導を行うかは，各学校がその実施する行事の意義を踏まえて判断するのが適当である。指導に当たっては，社会科，音楽科，道徳科等における指導との関連を図り，国旗及び国歌に対する正しい認識をもたせ，それらを尊重する態度の育成を重視する必要がある。

（渡部邦雄）

第3章 特別活動の内容・関連領域

ボランティア活動

1 ボランティア活動の意義

　ボランティア（volunteer）の語源は，ラテン語の voluntas（意志を意味することば）である。現在，ボランティアは「自らの意志で社会課題の改善に向けて行動する人」を意味することばと理解されている。第二次世界大戦後の日本では，福祉分野の活動に取り組む有志を「奉仕者」という表現を排して「ボランティア」と呼び普及させた。この背景には戦前の滅私奉公による国家のために仕え奉る「奉仕者」に対し，自らの意志に基づき行動する「ボランティア」を意味づけたことによる。その後，ボランティア活動は福祉分野以外の環境，災害，文化，まちづくり，教育，医療，国際理解などの多様な社会活動の担い手を示すことばとして広がった。

　ボランティア活動は，一人一人の尊厳を互いに認め合う人権尊重の考え方を前提に，①自発性，②社会性，③無償性（非営利）による社会改善を目指す行為である。活動の目的は，家族や友人以外の他者を対象とし，助け合いによる生活や社会課題の改善・解決に向けた取組にある。また，金銭的見返りを求めない行為でもある。人間関係の希薄化が進行する現代社会においては地域社会における新たな絆の形成，同じ課題や困難を抱える人々との連携・連帯の推進，多文化共生社会の実現や持続可能な社会をめざす活動など，人類の多様な課題に主体的先駆的に挑戦する社会開発という意義をもつ。

2 ボランティア活動の教育的意義

　人は身近な他者との関わりを通して多様な能力を自らに獲得し成長する。しかし，学校における意図的・組織的教育は，時として自発的な学びを阻害する。一方，ボランティア活動は他者との関わり，貢献と他者との相互作用の深化によって，自己発見や学ぶ意欲の創出を誘うことができる。活動した人々は時として「ボランティア活動は楽しい」「自分のためになった」と表現する。これは，ボランティア活動が他者や社会への貢献にとどまらず，自己実現や生きがいの創出などの人間形成に寄与する学びとしての意義を内包しているからである。

3 学校教育におけるボランティア活動の位置づけと特別活動

　学校教育法第31条は「体験的な学習活動，特にボランティア活動など社会奉仕体験活動，自然体験活動その他の体験活動の充実に努める」とし，小・中・高等学校，中等教育学校，特別支援学校での実施について「社会教育関係団体その他の関係団体及び関係機関」との連携を規定している。これを受け，学習指導要領（小・中学校：平成29年告示・高等学校：平成30年告示）では「総合的な学習（探究）の時間」で，「ボランティア活動」を自然体験や職業体験に並ぶ社会体験活動と位置づけている。

　特別活動では，小・中・高の学校行事の内容として「勤労生産・奉仕的行事」で「ボランティア活動などの社会奉仕の精神を養う体験」と位置づけている。中学校及び高等学校の「生徒会活動」の内容では「(3)ボランティア活動などの社会参画」で「地域や社会の課題を見いだし，具体的な対策を考え，実践し，地域や社会に参画できるようにする」とし，社会参加への契機となる学習の推進を提起している。

　これは，特別活動の目標である「集団や社会の形成者としての見方・考え方」を働かせ「自主的，実践的に取り組み」，「集団や自己の生活上の課題を解決すること」などの「資質・能力を育成」することに合致する。このため，特別活動にボランティア活動を体験学習として位置づけることは，児童生徒を校内での学びにとどめることなく，よりよい社会をめざす市民を育む契機となるよう意志の滋養を尊重することが重要である。教師が児童生徒にボランティア活動を一方的に強制することは，自発性に基づく活動と学びの意義を歪めてしまうことになる。学校ではこの点に留意して，児童生徒の意志の伸長に努め，体験活動の選択の機会を保障し，主体的社会参加の意義を習得した市民を育む学びの実現をめざすことが肝要である。

4 ボランティア活動による学びを確かなものにするために

　ボランティア活動による学びの推進は，人格の完成をめざす機会の提供であるだけでなく，政治的経済的主体としての市民を育むことでもある。この実現には，総合的なカリキュラム編成，教師のチームによる組織的取り組み，学校と地域の機能的連携，学習内容と方法の開発，連携を担うコーディネーターの配置などの条件整備が欠かせない。また，教師が活動後の①学習者自身，②学習者どうし，③活動に関わった人々とのふりかえりの機会を確保し，これに基づき学習や活動を次のステージへと創造することにより，社会の形成者である市民としての資質・能力の育成はより確かなものになる。

（池田幸也）

三訂 **キーワードで拓く新しい特別活動**
平成29年版・30年版学習指導要領対応

第4章

特別活動の指導方法と指導技術

特別活動は，児童生徒による自主的，自発的で自治的な活動であるが，学校の教育活動である以上，教師の指導・助言により適切な指導が求められる。また，特別活動は集団による活動である一方，個を大切にすることも重要である。このように相対する特質をどのように融合すればよいのか。本章では，このような特別活動特有の指導方法と指導技術について，解説する。　　　　　（鈴木　樹）

第**4**章 特別活動の指導方法と指導技術

特別活動の全体計画と各活動の年間指導計画

1 全体計画作成の前提となる基本的な考え

　主体的，協調的な学びが重要視されるこれからの学校教育の中で，学級・学校生活の向上を目指して，集団の課題を協力して自主的に解決していこうとする特別活動の役割は極めて大きいと考える。

　その視点に立って，第1に考えたいことは，学校教育全体計画の中での特別活動の位置付けである。

　児童生徒の実態や保護者・地域の学校教育に対する思いを受け止め，校長のリーダーシップの下，教職員が一体となって設定した学校教育目標をどう具現化するか。その中で，特別活動の果たすべき役割を全教職員が共通理解した上で作成することが特に求められる。

2 特別活動の全体計画の作成

　全体計画作成の手続きで欠かせない基本事項として，学校教育目標を受けての特別活動の目標，さらには，学級活動はじめ各分野の目標を設定し，活動の内容を明示することである。

　その際，学習指導要領に示された目標を逸脱することのないよう十分留意しつつ，児童生徒の実態や地域の特性・要望も考慮して作成しなければならない。

3 年間指導計画の立案に当たって

　児童生徒の自主的，実践的な活動の伸長には，当然，計画的に年間，そして，学年段階を見通して計画することが大切である。そのための必須の計画が年間指導計画である。そして，計画立案に当たっては，全体計画の主旨を踏まえると共に，次の点を是非共通理解しておかなければならない。

　(1)児童生徒の自主的，実践的な活動を推進するためには，所属する集団生活のより一層の向上が求められる。そのためには，それぞれの集

094

団活動において多くの実践しなければならないことがある。

まず，集団の目標設定である。成員が一致協力して集団の向上を目指して「何を，どのようにみんなで努力するか」の約束である。特別活動すべての分野で組織される集団活動において，成員一体となっての目標の設定が欠かせないのである。

(2)児童生徒が所属する集団において，目標に向かって日々努力する過程で集団活動は成立する。しかし，活動が活発になるにつれ，必ず諸々の課題が成員間に発生する。その際，解決の糸口は「目標に照らし，目標達成のためには」の視点での話し合い活動であることを銘記しておきたい。年間計画に拘束されることなく，課題解決に向けて話し合い活動が実施できるような構えも重要である。

また，話し合いの結果により，目標の修正がいつでも可能なことを成員が共通理解しておくことも忘れてはならない事項である。

４ 年間指導計画の作成に当たって

(1)小・中・高等学校に共通する欠かせない留意事項として，

○　月ごとに，配当時数に応じて活動名・活動目標を設定し，どこで，何を指導し，助言・援助はどうあればよいか，を十分練り上げておく。さらに，主体的，協調的な学びの伸長の視点からも他教科との関連を具体的に予想して活動を配当しておくことが切に望まれる。

○　児童生徒の自発的，自治的活動の充実に向けて活動計画にその思いが反映されねばならない。常に，児童生徒の自治的な活動を想定して計画することである。

○　前年度の反省を生かし，児童生徒が創意ある活動ができるよう工夫する。

○　主体的，対話的活動を通して，児童生徒が成長した状況を積極的に評価し，学習活動や一人一人の生活の中で生かされていくか，も考慮して計画しておく。

(2)中・高校においては，生徒の主体的，対話的で深い学びの実現に向けた授業改善が期待されていることから，特別活動の特質である話し合い活動を通しての自主的，実践的な活動が極めて大きいことを自覚して指導に当たることが肝要である。

（千秋一夫）

第4章 特別活動の指導方法と指導技術

指導計画と活動計画

1 学校の創意工夫を生かした指導計画

　特別活動の指導計画は，学習指導要領の特別活動の目標を踏まえた上で，各学校の教育目標や児童生徒や地域の実態に即しながら，全教員の共通理解のもとに，創意や工夫を生かした指導計画を立てて実施することが期待されている。児童生徒の自主的，実践的な活動を助長する特別活動においては，学級や学校，地域の実態や児童生徒の発達の段階及び特性等を考慮して指導計画を作成することが特に大切である。

　そのためには，児童生徒の興味や関心，能力や適性などを十分に考慮して，各学校や各学年における重点目標，指導内容，活動方法などを明確にしておく必要がある。また，特に自発的，自治的な活動については，画一的，固定的に考えることなく児童生徒の実態を把握し年間指導計画に反映させることが大切である。

　指導計画の作成に当たっては，次の事項についての配慮も必要である。ア．各教科，道徳科，外国語活動及び総合的な学習の時間などの指導との関連を図ること。イ．児童生徒による自主的，実践的な活動が助長されるようにすること。ウ．家庭や地域の人々との連携，社会教育施設等の活用などを工夫すること。エ．特別活動に充てる授業時数について，年間，学期ごと，月ごとなどに適切な授業時数を充てること。

2 教師の指導計画に即して児童生徒の活動計画もあること

　児童生徒による自主的，実践的な活動や自発的，自治的な活動がより一層助長されるようにするためには，教師の適切な指導の下に，児童生徒の発意・発想に基づいて児童生徒が活動計画を作成し，児童生徒による自主的，実践的活動が展開できるようにすることが大切である。

　特に，児童生徒による企画性の高い，学級活動での「学級や学校における生活づくりへの参画」やクラブ活動，児童会活動，生徒会活動では，教師の指導計画を参考にし，児童生徒自身の活動計画の立案を促し

ていきたい。そのため，教師が作成する指導計画は，形式的，画一的，固定的なものではなく，児童生徒の活動として取り入れるべき具体的な内容，方法，時間などについて，基本的な事項を定めておき，児童生徒の手によって一層具体的な実際の活動計画が立てられるよう，柔軟性のある指導計画にすることが大切である。

(1) 活動計画作成に当たっての指導・助言

児童生徒の活動計画の作成に当たっては，活動の趣旨を十分に理解させるとともに，次の点について検討を促すことが大切である。

ア．Who（活動者）誰が行うのか　　イ．When（日程）いつ行うのか
ウ．Where（場所）どこで行うのか　エ．What（内容）何を行うのか
オ．Why（目的）何のために行うのか
カ．How（方法）どう行うのか

目的意識をもつ，児童生徒の自主的・実践的な態度を育てるよう，年間の活動計画を立てさせ，きめ細かく指導していきたい。

(2) なすことによって学び活動計画の改善を図る

児童生徒の自主的，実践的な態度を育てるためには，児童生徒の失敗を直ぐとがめたり，手助けしたりすることなく，優しく見守り，期待を込めて個々の活動状況に即して適切な指導・助言を与え，自分たちで考え，判断して活動の改善を図るよう導くことが望まれる。失敗してもめげずに再度挑戦する，失敗した活動経験を生かす，経験から学んだことをさらに発展させることにより児童生徒は自信と意欲を深めていく。

活動計画の内容だけでなく，活動の進め方についても助言し，意見が対立した場合どう対処するか，活動が挫折したときどうするか，また，上級生から学ぶこと，下級生を育成することをなどについても指導・助言していきたい。

(3) 活動の評価を活動計画に生かす

実践的な活動を特質とする特別活動においては，活動計画の作成，計画に基づく活動，活動後の反省という，PDS「計画→実践→反省」の一連の過程のそれぞれの段階での評価が必要である。この過程で，児童生徒のよさや可能性を認め，自ら学び自ら考える力や，自らを律し他者とともに協調できる力を育成していきたい。児童生徒が活動を振り返り，集団活動や自らの実践のよさを知り，自信を深め，課題を見出し，それらを自らの実践の向上に生かすよう，児童生徒の活動意欲を喚起していくことが望まれる。

（山田忠行）

第4章 特別活動の指導方法と指導技術

学級活動・ホームルーム活動指導案

1 学級活動・ホームルーム活動指導案作成の基本（固有性）

　学級活動・ホームルーム活動の1単位時間の指導計画を一般に指導案と称している。学級活動・ホームルーム活動は，ともに児童生徒の自主的，実践的な活動を基盤としていることから，その指導案は，次のような点において教科の指導案とは異なる特質を持つものである。

　⑴児童生徒の司会や議長など，児童生徒の活動をもとに展開される学習過程であることから，指導案には教師でなく児童生徒の活動が示される。

　⑵児童生徒の本時の活動は，その準備と事後という一連の流れの中に位置していることから，事前の課題発見・確認に関わる活動及び事後の実践，振り返りに関わる活動も1単位時間の指導案の内容になる。

　⑶教師の指導構想であるとともに，児童生徒の自主的な活動を助長する観点から，児童生徒の作成する活動計画のよりどころとしての役割を持つものである。

　⑷児童生徒の課題解決の所在に的確に迫るため，児童生徒が作成する活動計画から，指導案を修正することもある。

2 指導案作成の手順

　学級活動・ホームルーム活動のねらいを達成するには，以下のような手順で児童生徒の活動を構想しながら指導案を作成することが大切である。

⑴指導内容の重点化や内容間の関連や統合，児童生徒の要望や学級の緊急的な課題等を踏まえて学級の年間指導計画から題材を決定する。

⑵題材に関する個や学級の実態，自主的な活動の実態等を把握する。

⑶題材のねらいや活動内容の特質から，児童生徒の活動形態（自主的，実践的な活動形態又は自発的，自治的な活動形態）を選択するとともに，主に三つの柱のどの資質・能力を育てるのか等を明確にする。

3 学級活動・ホームルーム活動指導案の形式（例）と内容

指導案の形式と内容は，上記作成の手順(3)を受けて作成されるが，双方に共通する項目は以下の通りである。

1　題材名（指導のねらいを達成するために必要な児童生徒の活動のための素材名：教師の立場で表現）

※題材から「活動テーマ，話合いテーマ，議題」等を活動形態に基づき選択。例えば自発的，自治的な活動は「議題：○○○○」となる

2　題材設定の理由：以下の3視点を基本に述べる
　・題材の意義（設定の趣旨：指導内容の重点や教科，道徳との往還の観点）
　・題材に関する児童生徒や学級の実態，そのことに関わる指導の経緯
　・本時で目指す児童生徒の変容や学級経営上の構想（必要性と目安）

3　指導のねらい（題材から達成しようとする資質・能力を箇条的に表現する

4　学習過程（指導計画）
　(1)事前指導と児童生徒の活動（以下の内容を箇条的又は表で示す）
　・学級活動委員会等の活動計画や，その指導・援助の内容
　・学級全体や個の活動計画（調査・資料収集等も含む）と評価の観点・評価方法
　(2)本時の活動テーマ又は議題

活動テーマ：学級活動委員会等によって決められた児童生徒による活動題目
議題：学級で議決しようとする内容（合意形成を要する自治的な内容）

　(3)本時のねらい（児童生徒の立場から箇条的に表現する）
　・本時の活動で達成する具体的な実践事項
　・本時を通して目指す具体的な資質・能力（個及び学級集団の双方から）
　(4)本時の展開（以下の内容を表などにまとめる）
　・児童生徒の学習過程や学級活動の特質にそった活動内容を記述する
　　　例えば「課題の確認」「課題解決の話合い」「決定とまとめ」などに区分
　・教師としての指導・援助の留意点，育成を目指す資質・能力，評価の観点と評価方法等を示す
　(5)事後指導と児童生徒の活動（実践活動や振り返りに関わる事項）

評　価（個や学級を対象に，本時のねらいや学習過程，児童生徒の活動に対する総合的な評価の観点を示す）

※資　料：本時で使用した資料を示す（展開の表中に示す場合もある）

（須藤　稔）

第4章 特別活動の指導方法と指導技術

児童会活動・生徒会活動の指導計画

1 指導計画の作成

　小学校，中学校学習指導要領の指導計画の作成と内容の取扱いでは，児童会活動・生徒会活動の指導計画に当たっては，次のようなことに配慮するように求められている。

①学校の創意工夫を生かすこと。

②学校の実態や生徒の発達段階などに配慮すること。

③生徒による自主的，実践的な活動が助長されるようにすること。

④各教科，道徳及び総合的な学習の時間などの指導との関連を図ること。

⑤家庭・地域の人々との連携，社会教育施設等の活用などを工夫すること。

　以上の5点に配慮して，教師が作成する年間指導計画と，年間指導計画に基づき教師の適切な指導助言の下に，児童生徒が作成する年間の活動計画や，1単位時間の活動計画を作成することが必要である。

2 教師が作成する年間指導計画

　学校の全児童・生徒で組織する児童会・生徒会活動は，全教職員の共通理解・協力のもと行われる活動である。年間指導の作成の際にも，全教職員の参加，協力することが必要である。

年間指導計画例（中学校の場合）

月	生徒会行事	生徒会本部	中央委員会	各種委員会	指導上の留意点	学級との関連
4	・新入生歓迎会 ・生徒朝会	・歓迎会運営 ・生徒会組織説明 ・部活動紹介 ・生徒総会準備 ・生徒朝会企画・運営	・生徒総会準備	・組織編成 ・委員長選出 ・活動計画作成 ・生徒朝会の参画	・生徒の企画運営を支援する。	・各種委員の選出 ・新入生教室の整備
5	・生徒総会 ・生徒朝会	・生徒総会運営 ・生徒会新聞の発行 ・生徒朝会企画・運営	・質問事項確認 ・各種委員会の連絡調整	・活動計画の実施 ・質問事項確認	・総会の意義を理解させる。 ・運営方法を確認する。	・活動計画の検討
6	・夏休み町会盆踊り大会のボランティア活動 ・生徒朝会	・夏休み町会盆踊りボランティアの説明 ・町会との連絡調整 ・生徒朝会企画運営	・各種委員会との連絡調整	・生徒朝会への参画	・町会との連絡調整を支援する。 ・運営方法を確認する。	・ボランティア活動への参加

3 児童生徒が作成する活動計画

　児童生徒が作成する活動計画には，児童会・生徒会本部が作成する活動計画や各種委員会が作成する活動計画などがある。

生活委員会の活動計画例（中学校の場合）

月	活動目標	話し合いの内容	指導上の留意点	学級との関連
4	新年度のスタートを切ろう （授業準備・チャイム着席・号令）	・委員長選出 ・月別目標決定 ・活動計画作成	・生徒の企画運営を支援する。	・各種委員選出
5	授業と運動会練習，けじめをつけて取り組もう	・個人ロッカー整理，チャイム着席の呼びかけ ・生徒総会，生徒朝会参画	・生徒総会，生徒朝会の意義を理解させる	・生活委員会への協力
6	身だしなみをきちんと整えよう	・呼びかけの実践 ・生徒会朝会参画	・活動方法確認	・生活委員会への協力

〈参考資料〉

・『特別活動指導法』（2018年　日本文教出版）

・『楽しく豊かな学級・学校生活をつくる特別活動』（2014年　国立教育政策研究所）

（高橋良久）

第4章 特別活動の指導方法と指導技術

クラブ活動指導案

1 クラブ活動の運営

　平成29年に告示された学習指導要領によれば，クラブ活動は，「異年齢の児童同士で協力し，共通の興味・関心を追求する集団活動の計画を立てて運営することに自主的・実践的に取り組むことを通して，個性の伸長を図りながら資質・能力を育成することを目指す」点にその特質があるといえる（小学校学習指導要領解説特別活動編―平成29年7月文部科学省―以下，新学習指導要領）。

　「異年齢集団活動」に特化すると，小学校特別活動の内容のうち，クラブ活動，児童会活動，学校行事に当てはまるものであるが，小学校の教育課程全体を通して考えると，特別活動は異年齢集団活動を保障する希少な場でもある。

　中でもクラブ活動における異年齢集団による人間性や社会性の育成は，「生きる力」の基礎的事項であるともいえる。基本的に4年生以上の学年児童が参加するクラブ活動においては，学年を問わずお互いが協働し，助け合う異年齢集団活動の実態が見受けられる。ここで育つ力とは，年齢を超えた親和的な人間関係である。したがって，クラブ活動を運営していく上では，特に次の三点に留意する必要がある。すなわち，

　　①　児童の興味・関心が生かされる組織であること。
　　②　教科的な色彩の濃い組織にならないこと。
　　③　学校や地域の実態に即した組織であること。
である。

2 時数の取扱い

　クラブ活動の授業時数等の取扱いについては，学習指導要領第1章総則の第2の3の(2)で「イ　特別活動の授業のうち，児童会活動，クラブ活動及び学校行事については，それらの内容に応じ，年間，学期ごと，月ごとなどに適切な授業時数を充てるものとする。」と示している。つ

まり，各学校の実態に合わせて学校裁量にて設定されるものと考えられる。

クラブ活動の授業時数については，特質である「児童の自発的，自治的な活動」を効果的に展開するために，各学校において必要と思われる時数を年間，学期ごと，月ごとなどに適切に設定することが求められる。

現状では月ごとにクラブ活動と委員会活動を抱き合わせにして設定し，行事等が重ならない限り，ひと月を4週間と設定した上でクラブ活動：委員会活動＝3：1の割合で実施している学校が散見される。この場合，実施時数は最大35〜70時間となり，年間を通して実施されている。逆に最小時数実施校ではクラブ活動の実施時数は10以下とし，一つの学期に集中している地域もある。

特別活動に対する児童の好感度は高いが，中でもクラブ活動は好まれる活動であるにもかかわらず，活動回数が低い場合は児童の意欲継続及び目標にもある異年齢の児童同士で協力するまでに至らないケースもあり，その点に課題があるとの報告もある。これは，クラブ活動が児童一人一人の課題追及に視点を置くものではなく，異なる学年相互の人間関係育成が主たる目的であることから，注目し改善する必要がある点である。

このように，クラブ活動の運営に当たっては，時数だけ取り上げても課題が見受けられる。具体的には，次の3点があげられる。

① クラブ時間数の確保と設定
② クラブ設置方法
③ クラブ活動の充実と改善

これらは，前回学習指導要領が改訂された段階で，すでに課題とされていた点であるが，今後も詳細にわたって各学校における児童の活動意欲向上に向けた更なる検討が求められる点である。

3 指導案作成のポイント

クラブ活動の内容の取扱いについては，学習指導要領第6章の第3の2の(1)において，次のように示されている。

「(1)学級活動，児童会活動及びクラブ活動の指導については，指導内容の特質に応じて，教師の適切な指導の下に，児童の自発的，自治的な活動が効果的に展開されるようにすること。その際より良い生活を築くために自分たちで決まりをつくって守る活動などを充実するように工夫すること。」

新学習指導要領においては，小学校段階から児童の「参画」が求めら

れている。

　児童が活動に参画することは重要かつ必要なことであるため，それを
可能にするために，担当教師はどのように活動に関わり，児童を援助し
ていくかに大きな課題がある。

　その課題を克服するために，担当教師が作成する活動の指導案は重要
となる。

４ クラブ活動指導案の作成

　ここで，担当教師は，どのような内容をもって指導案を作成したらよ
いか，が問われよう。

　指導案作成に当たっては，様々な形態があり，その地域によって記述
する内容も異なる点が見受けられるが，ここでは一般的に明記されてい
るもの，欠かせないものについて記述していくこととする。

　まず大事なものは，表題である。何クラブの指導案か，指導者はどこ
に所属するだれか，を明記する。次に内容に入っていく。作成項目は，
１．日時，２．場所，３．構成，４．指導に当たって，５．本時の活動
に至るまでの経緯，６．本時の活動，７．指導のねらい，８．活動計
画，そして最後に９．評価となる。

　このほかに，10．事後活動（振り返りを含む）や，11．活用する資料
（担当教師が準備するものと児童が準備するものとに分ける）を記述す
るようになっている地域もある。

　次に，作成項目について具体的に示していく。

　１．日時及び２．場所であるが，何れも，教科領域の学習指導案を作
成するときと同じ内容となる。

　３．構成については，そのクラブに所属する各学年の人数を示すもの
であり，人員が多い場合は，班に分けて記載し，作成時の学年ごと及び
班ごとの所属人数と，全体の合計人数を明記しておくことが求められる。

　４．指導に当たってについては，本クラブの様子や，入部の際及び活
動に対する児童の実態，児童の実態を踏まえた指導のねらい，これまで
の指導の経過と児童の反応や変容，今後の指導方法などを記述していく。

　５．本時の活動に至るまでの経過については，各学期の活動を記述す
ることが求められる。例えば，学期ごとの活動として具体的に何をする
か，それにかかる時間は何時間と想定するか，などである。

104

6．本時の活動には，クラブのねらいや特質を踏まえた内容を具体的に記載する。

7．指導のねらいには，指導者の意図である本時の指導で教師は何を狙うかを明確にしたものを具体的かつ簡潔に記載する。

8．活動計画は，通常表にして簡潔に記述する。項目としては，「活動の予定」とそれにかかる時間（分），児童の活動，指導者の働きかけ（留意点），準備するもの（児童，教師に分けて記載しておく）等である。なお，文末表現は，活動の予定及び児童の活動においては「〜する」を用いる。指導者の働きかけにおいては，「〜をできるようにする」と表記するとよい。準備物については，例えば「クラブ出席表」「画用紙」「ボール」のようにその日必要となる物品を記述していく。

9．評価については，教師が各児童を評価する際に参考とするものであることを踏まえ，本時の指導のねらいを基にし，評価の観点を具体的に決めたうえで，記述する。例えば，「目当てや役割をもって，積極的に活動できたか。」や「友達（構成員）と協力して，楽しく活動できたか」などが考えられる。この際，「友達」とは，学年を問わず当クラブ構成員全員を指す。

10．事後活動については，振り返りシートを毎時間活動後に使用するよう提示する場合もあれば，月ごともしくは学期ごとに文章表記するようにしている場合もある。前者は文科系クラブの活用が多く，後者は運動系クラブの活用が多くみられる。

11．活用する資料は，記述しておくとクラブ進行がスムーズになる。

指導案は教師が作成するものであるが，活動自体は児童が参画して行うものとなるため，何れも年度当初児童とともに検討し，記述しておくことが求められる。

なお，クラブ活動の評価規準に盛り込むべき事項としては，次のことがあげられていることは留意する必要がある。

集団活動や生活への関心・意欲・態度	集団の一員としての思考・判断・実践	集団活動や生活についての知識・理解
共通の興味関心を追求するために，積極的にクラブの活動に取り組もうとしている	共通の興味関心を追求するために話し合い，クラブの一員としてよりよいクラブづくりについて考え，判断し，自己を生かして実践している	共通の興味関心を追求するクラブ活動の意義やそのための活動内容，方法などについて理解している

〈主な参考文献〉『小学校学習指導要領解説特別活動編』平成29年7月文部科学省 p.102〜115

（佐野　泉）

第4章 特別活動の指導方法と指導技術

学校行事の指導計画

1 学校行事の目標

学校行事の目標は，学習指導要領で次のように示されている。「全校又は学年の生徒で協力し，よりよい学校生活を築くための体験的な活動を通して，集団への所属感や連帯感を深め，公共の精神を養いながら，第1の目標に掲げる資質・能力を育成することを目指す。」(小学校では「生徒」が「児童」，高等学校では「又は学年の生徒」が「若しくは学年又はそれらに準ずる集団」)

2 学校行事の年間指導計画の作成

各学校においては，1に示す目標を踏まえて，学校行事全体の年間指導計画と個別の行事指導計画を作成する。年間指導計画は，学期ごと，月ごとなどに，実施予定の行事名，指導時数，参加の対象，目標，実施の内容，他の教育活動との関連などを取り上げる。個別の行事指導計画は，ねらい，内容（事前，当日，事後），実施の時期，場所，時間，指導上の留意事項，評価の観点などを取り上げる。この他，所要経費や準備日程，役割分担などを明確にした，実施上の具体的な計画が必要である。

学校行事は，全校又は学年という大きな集団による教育活動であることから，学校の全教職員が行事の目標や指導の重点などを共通理解し，一体となって指導に当たらなくてはならない。そのため，全教職員が関わって年間を見通した適切な年間指導計画を作成し，学校全体の協力的な指導体制を確立して，組織的に指導に当たる必要がある。さらに，指導計画作成に当たり，特別活動の各活動・学校行事を通して，「主体的・対話的で深い学び」が実現できるように組み立てることが大切である。

3 学校行事の指導計画作成に当たって

学校行事の指導計画については，特別活動の全体計画に基づき，各種類の学校行事の特質を踏まえ，特に次のようなことを配慮した年間指導計画を作成する必要がある。

⑴ 学校の創意工夫を生かすとともに，学校の実態や児童生徒の発達段階などを考慮する

　学校行事は，各学校の創意工夫を生かしやすく，特色ある学校づくりを進める上でも有効な教育活動であるため，全教職員が共通理解を深め，協力してよりよい計画を生み出すようにすることが大切である。その際，学校の規模，教師の組織や特性，施設設備の実態，地域の環境などについて配慮する。また，児童生徒の心身の発達の状況に応じて，画一的にならないよう，自主的な活動の可能性や程度などを十分に把握して指導計画を作成する。また，中・高等学校では，他校種での経験を生かせるよう連絡や連携を図ることも大切である。

⑵ 児童生徒による自主的，実践的な活動が助長されるようにする

　児童生徒が積極的に活動できるようにするため，事前・事後の指導について十分に留意し，指導の効果を高めるように配慮することが大切である。その際，学校行事の種類によって，児童生徒の意見や希望も指導計画に反映させるとともに，児童生徒の自主的な活動も可能な限り行えるように配慮し，児童生徒が主体的に参加できるようにする。

⑶ 内容相互及び各教科，道徳科及び総合的な学習の時間などの指導との関連を図る

　特別活動の他の内容や各教科等で身に付けた資質・能力などを，学校行事においてよりよく活用できるようにしたり，学校行事で身に付けた資質・能力を各教科等の学習に生かしたりすることが大切である。

⑷ 家庭や地域の人々との連携，社会教育施設等の活用などを工夫する

　学校が地域社会と協力して教育効果を上げるために，地域に対して積極的に学校行事を公開し，理解を得ることが大切である。その際，学校の所在する地域の特性を十分に考慮し，期日などを考慮して計画したり，地域の伝統文化に触れる活動や地域の行事と学校行事との関連を図って実施したりするなどの工夫をすることも考えられる。

⑸ 生徒指導の機能を生かす

　中・高等学校においては，活動の過程において生徒が役割や分担をもち，学校行事を通して確かな自己存在感をもつとともに，自己実現の喜びを味わうことができるようにする。また，生徒一人一人が行事の中での人間的な触れ合いを深め，個性を発揮して積極的に活動できるよう，活動の場や機会を豊富にもった指導計画の作成が必要である。

（青木由美子）

第4章 特別活動の指導方法と指導技術

話合い活動（討議法）

1 話合い活動の意義

⑴「話合い活動」の今日的な意義

　話合い活動は，民主主義の基礎・基本であるとともに，生きる力を養う上での重要な基盤である。児童生徒にとって，討議能力の向上は，学習活動や学校生活を楽しく充実させる上で極めて重要である。そして，彼らが将来，個々の生活場面でリーダーシップを発揮し，主体的かつ貢献的に生きていく上でも不可欠な要因となる。「話す」ことはできても，「話し合う」ことが苦手な今日の児童生徒の現状を見据え，さらなる指導法の研究に努めなければならない。

⑵ 話合い活動の内容

　学校教育は，教師と児童生徒，児童生徒相互のコミュニケーションから成り立っており，話合い活動はすべての教育活動において必要である。特別活動における「話合い活動」は，児童生徒の思考を高め，その変容をねらうだけでなく，話合い自体が学習の内容や目的となる面が強い。したがって，司会の仕方，議事の進め方，発言の仕方，少数意見の尊重など討議のための基本的な技術や態度の育成もねらいとなる。

　特別活動の「話合い活動」には，次の二つの内容があり，学級の実態に即して適切に取り上げなければならない。①学級や学校における生活づくりへの参画に関することで，児童生徒の共同の問題について仲間の意見を尊重しながら，集団としての考えをまとめたり決定したりして「合意形成」を図る活動。②日常の生活や学習への適応と自己の成長及び健康安全，一人一人のキャリア形成と自己実現に関することで，共通する一人一人の問題について仲間と意見交換しながら，自分に合った具体的な解決方法を「意思決定」する活動。

2 話合い活動の指導

⑴ 個が生きる全員参加の話合い

　話合い活動の第一歩は，互いに相手の意見を聞くことである。まず，「聞き方」や「聞き取る力」の育成に重点を置き，次に「話し方」や「話し合う力」

を育てる必要がある。話合い活動（討議法）には，いろいろな類型がある。
①フォーラム，②グループ討議，③シンポジウム，④パネル・ディスカッション，⑤バズ・セッション，⑥ディベート，⑦その他

　どの話合いの方法を採用するかは，児童生徒の能力，体験，また討議内容によって異なるが，まずは「小集団での話合い」を訓練したい。司会，記録などそれぞれの役割の基本的技術を輪番などによる体験の中で習得させる。

　話合いの質を左右する重要な要因は，児童生徒一人一人の意見や考えである。自分の意見や考えを表明できる機会をあらゆる場で設定したい。意見交換ができれば討議形式の訓練の場にもなる。児童生徒が，話合いの全体像を把握し，発言の善し悪しを判断するのは難しいので，視聴覚機器などを活用してモデルとなる学級会を観察させることや，シナリオ化によって誰もが役割を体験できる配慮などが必要である。また，座席配置や学級活動コーナーなどを工夫して教室環境の整備も効果的である。

⑵ 合意形成・意思決定に至る過程を重視

　話合い活動は，「意見の違いや多様性を認め合い，上手に折り合いをつける学習」でもある。望ましい合意形成や意思決定の仕方を体得させるために，次のことに留意して指導する。①必要感や切実感のある議題や題材を設定する。②必ず自分の意見，考えをもたせる。③教師の指示的な発言は控えるが，話合いの方向付けやマナーについては適切に指導助言をする。④自他共に納得のいくよりよい決定をするという心構えで話合いを進める。安易な多数決を行わない。⑤一人一人の学級への愛着を高め，学級内に支持的風土を醸成する。

３ 話合い活動指導上の課題

⑴ 言語活動の充実

　教育課程編成の手引き（平成29年）には「言語活動の充実」が挙げられており，話合い活動は，言語能力の育成や活用の場として重要な役割を果たしていると記されている。それは，課題解決のための討論・討議により，意見の異なる人を説得したり，協同的に議論して集団としての意見をまとめたりする極めて重要な意義を有する。話合いのめあてに沿った建設的な意見が常に出せるようにするために，言語活動の充実・向上は不可欠である。

⑵ 実践（課題解決）へ連動する話合い

　実践や課題解決に向けた話合い活動を成立するためには，次のことに留意して指導することが大切である。①「実践活動」を常に意識して話合いをさせる。②単なる同意ではなく，「このことなら協力や努力を惜しまない」という強い意思が背景にある合意形成をさせる。③生活向上意欲を喚起し，具体的実践方法を自分で判断，選択し，自分で意思決定をさせる。　　　（佐野和久）

第4章 特別活動の指導方法と指導技術

特別活動における教師の指導・助言

1 自発的，自治的活動を育成する教師の指導・助言

特別活動の目標に示されている，「自主的，実践的な集団活動」を行うことは，特別活動の全ての内容に共通している。「自発的，自治的活動」は，「自主的，実践的」であり児童生徒が自ら課題等を見いだし，協力して目標を達成していくものである。自主的，実践的な集団活動を通して身に付けたことを生かして，集団や社会における生活及び人間関係をよりよく形成するよう，次のような指導・助言が大切である。

① 児童生徒の主体的な活動場面をできるだけ多く取り入れ，児童生徒を活動の中心に置き，自主的な活動を側面から指導・助言する。

② 自発的，自治的な活動には，一定の制限や範囲があることについて児童生徒に理解させ，的確な助言や指導を行う。

③ 自発的，自治的な活動の展開に当たって，特別活動で育成を目指す資質・能力の何を目指すのか，児童生徒の活動を明確にして指導する。

小学校の学習指導要領では，「学級活動，児童会活動及びクラブ活動の指導については，指導内容の特質に応じて，教師の適切な指導の下に，児童の自発的，自治的な活動が効果的に展開されるようにすること」と示している。児童生徒の自発的，自治的な活動に関して指導するに当たっては，「教師の適切な指導」であることを認識し，子ども任せにして放任したり，教師の一方的な指導になったりしないようにしていかなければならない。

2 特別活動の指導・助言に当たる教師の留意点

特別活動の内容は多様であり，このため指導に当たる教師は，特別活動の各内容の特質に応じた適正な指導が必要である。教師間の指導の組織と役割の分担を明確にして，協力体制を図っていくことが大切である。特別活動をより一層充実するため，指導に当たる教師が留意すべき諸点を挙げてみよう。

110

ア　教師と児童生徒及び児童生徒相互の人間的な触れ合いを基盤とする指導であること。

イ　児童生徒の問題を児童生徒とともに考え，ともに歩もうとする教師であること。

ウ　児童生徒に接する際には，常に温かな態度を保持し，公平かつ受容的で，児童生徒に信頼される教師であること。

エ　教師の教育的な識見と適正な判断力を生かすとともに，問題によっては毅然とした態度で指導に当たること。

オ　児童生徒の自主的，実践的な活動を助長し，常に児童生徒自身による創意工夫を引き出すよう指導すること。

カ　集団内の人間関係を的確に把握するとともに，人間尊重の精神に基づいて児童生徒が望ましい人間関係を築くよう指導に努めること。

3 特別活動を担う教師の指導・助言の心得

　常に児童生徒とともに活動し，実践を通して指導・助言し歩む，特別活動を担う教師としての心得を挙げてみよう。

①　共感〈生徒の興味・関心を真剣に受け止める〉先生の考え方は自分の思いと同じだと感じたとき，教師への信頼感が醸成される。

②　協働〈児童生徒とともに，汗を流し活動する〉児童生徒とともに，考え歩み活動を楽しむ教師の姿に感化される。

③　教示〈やって見せ，させてみる〉「やって見せ，言って聞かせて，させてみて，ほめてやらねば，人は動かじ」（山本五十六）

④　指導〈児童生徒の発意，発想，創意を引き出す〉主体的に考え，判断し，自主的，実践的に活動ができるよう指導する。

⑤　助言〈押し付けられた，助けられたと感じさせない〉教師は黒衣として，児童生徒の主体性を生かし活動計画を立案させる。

　教師の指導・助言に当たって，児童生徒の活動意欲を高める上手な「ほめ方」「叱り方」を体得しておきたい。ほめることは心から感動させることである。「君にはこんないいところがあるよ」と自分のよさに気付かせるほめ言葉は，自己への有能感，信頼感をもたらす。「叱る」と「怒る」とは全く違う。「叱る」は相手のことを思い，感情をもってつたえることであり，「怒る」は自己中心で感情的になることである。頭ごなしの逃げ道のない叱り方をしてはならない。　　　　　（山田忠行）

111

第4章 特別活動の指導方法と指導技術

個と集団を生かす指導

　今回の改訂によって特別活動の目標は次のようになった。
　　「集団や社会の形成者としての見方・考え方を働かせ，様々な集団
　　活動に自主的，実践的に取り組み，互いのよさや可能性を発揮しな
　　がら集団や自己の生活上の課題を解決することを通して，次のとお
　　り資質・能力を育成することを目指す。」
　これを読む限り，「個が見方・考え方を働かせて集団活動に取り組
み，その集団活動を通して，個それぞれの資質・能力を育成する」とい
う解釈ができる。つまり「個々が安心して集団活動に取り組むことの環
境を設定する」ことが「個と集団を生かす指導」となると考える。
　そのためには以下の2点の具体的な方法が考えられる。

1 個が心理的安全性をもてるようにするための，集団への指導

　心理的安全性（psychological safety）は「他者の反応におびえた
り，羞恥心を感じたりすることなく，自然体の自分をさらけ出すことの
できると感じられる雰囲気」のことと定義されており，個が集団に自発
的に働きかけようとするときは，この雰囲気が醸成されているときに起
こりやすいと言える。つまり学級の文脈では「自分が変な発言をして
も，失敗をしても，できないことがあっても，決してバカにされること
はない，支持的風土づくりで強調された考え方」で，個々の子どもが学
級で感じる「安心感」である。この雰囲気を構築するための指導とし
て，「学級内で守るべきことの明文化」「時間をかけて指導していくこ
と」を前もって明らかにし，根気よく生徒指導をしていくことが重要で
ある。この基盤が特別活動に有機的に関連していくと考えて，きちんと
指導していく必要があるだろう。例えば，基本的な生活習慣，学校生活
のきまり，社会生活におけるルールやマナー及びその意義等が考えられ
る。これらのことは生徒指導と深い関わりをもつが，特別活動の特質を
鑑みると，教師から児童への指導のみで理解させるのではなく，児童が
自ら課題を見つけ，実践によって「体得」できるようにすることが重要

である。

2 集団活動の価値の理解の指導

　集団でなくては成し遂げられないこと，集団で行うからこそ得られる達成感があること等，集団活動のよさや社会の中で果たしている役割の理解である。また，自己の在り方や生き方等の集団と個の役割についての理解である。様々な集団活動を通して課題を見いだし，それを協働して成し遂げたり強い意志をもって実現したりする児童の活動の中で「体得」させることが重要である。

　そのために具体的な指導として3点を挙げたい。

① 　人間関係をよりよく構築していくために，様々な場面で，自分自身及び自分と違う考えや立場にある多様な他者と互いを認め合いながら，助け合ったり協力し合ったり，進んでコミュニケーションを図ったり，協働したりできるような生徒指導を行う。

② 　集団をよりよいものにしたり，社会に主体的に参画し形成したりしていくために，自分自身や他者のよさを生かしながら，集団や社会の問題について把握し，合意形成を図ってよりよい解決策を決め，それに取り組むように特別活動のその内容においても指導する。

③ 　現在および将来に向けた自己実現のために，自己のよさや可能性を発揮し，置かれている状況を理解し，それを生かしつつ意思決定することや，情報を収集・整理し，興味・関心，個性の把握等により，将来を見通して自己の生き方を選択・形成することを重点的に指導する。

　いずれもキーワードは「体得」であり，教師が「教授」することで知識や技能を理解，習得させるのではなく，児童の自主的，実践的な活動との往還の中で児童自身が獲得できるようにさせることが必要であるだろう。「為すことによって学ぶ」という特別活動の指導原理をしっかり意識していかなければならないだろう。

　また特別活動は「集団活動」という特徴があるため，指導においてはどうしても集団をつくる指導が優先され，個が埋没してしまう傾向にある。しかしそれでは同調圧力によって，集団に合わせる個を育成することになりかねない。多様性を認め合える環境の中で，個々が自分の役割を認識し，学級のみんなとともに成長できるような指導が特別活動において最も重要であることを強調しておきたいと思う。　　　　　（東　　豊）

第**4**章 特別活動の指導方法と指導技術

特別活動における校長の役割（危機管理を含む）

　充実した特別活動の諸活動・学校行事は，児童生徒の学校生活を豊かにし，その活動を通して人間関係の形成や社会への参画，将来に向けた自己実現のための資質・能力を育むことができるとともに，「特色ある教育活動」として，伝統や校風など学校文化を形成し，開かれた学校として地域の期待に応えることができる。

　また，特別活動の多彩な集団活動を学校内外で実施することは，様々な危険や事故を伴うことであることを考慮し，児童生徒が安全で楽しい活動となるよう危機管理の徹底を図ることは学校の責務である。

1 特別活動の計画・実施と校長の役割

　特別活動を計画・実施するに当たって，各学校の校長には，次のような役割を果たすことが求められている。

⑴**特別活動の教育的意義を踏まえ，学校の教育活動全体の関連を図り，教育課程に位置付けて実施すること**

①　学校経営方針において，教育目標と特別活動の教育的意義や目標，児童生徒に身に付けさせたい資質・能力を示す。

②　特別活動の全体計画や各活動及び学校行事の年間指導計画を他の教育活動との関連を図り，学校の創意工夫を生かし作成する。

⑵**特別活動に関する理解を深める教員研修等を通して，共通理解に基づいた指導体制を確立する**

①　学習指導要領の改訂の趣旨を踏まえ，特別活動の指導目標や指導法，配慮事項などについて教員の理解に努め，指導力の向上を図る。

②　「チーム学校」として，全教職員による指導体制を確立し，協働による特色ある教育活動を展開する

⑶**開かれた教育課程としての特別活動の実施を図る**

①　特別活動の実施に当たって，家庭・地域の理解や交流を図るため，計画の作成や実施について周知し，意見・評価を求める。

②　地域に根差した特別活動となるよう，様々な人々との交流を図り，

114

地域や関係機関との連携・協力を得られるように努める。

⑷ **カリキュラム・マネジメントによる特別活動の改善・充実を図る**

① 特別活動の改善を図るため，PDCA サイクルに基づき教育活動を実施し，評価を生かした指導に努める。

② 児童生徒の発達や学校の状況の把握に努め，各校の実態に即し，教員の創意工夫を生かして特別活動の質の向上を図る。

2 特別活動の実施に当たっての危機管理と校長の役割

特別活動に限らず，学校の教育活動には，危険や事故が伴うことを常に予知・予測して事前の予防策を講じておくこと（リスク・マネジメント）が必要であり，事故が発生した時に迅速に適切に対応できるようにしておくこと（クライシス・マネジメント），また再発防止を図ることが求められる。

特に，特別活動は，活動の時期，内容，場所が多様であることから，各活動等を把握し，児童生徒の実態を考慮した危機管理が求められる。

特別活動における事故等の要因には，次のようなことが挙げられる。

⑴教室や校舎，校庭などの施設・設備の不備や危険箇所，学校周辺の交通状況，野外活動を実施する自然環境や地理的環境など

⑵児童生徒の活動や運動に適した服装や持ち物，装備などの事前準備の不足や不備など

⑶児童生徒の不測の行動や無謀な行為，児童生徒間のトラブル，また教師の指示の不徹底による危険な行為など

⑷児童生徒の健康面や身体的な障害，情緒面の把握の不足や教員の対応の不備など

⑸児童生徒の実態のそぐわない無理な活動内容や実施計画，安全対策の不備など

⑹危険な気象状況や天候の急激な変化などによる高温の炎天下での熱中症，突風や竜巻によるけがなど

校長は危機意識を常にもち，事故防止のために実施計画の確認や実地踏査の徹底を図るとともに，不測の事態に適切な処置ができるように連絡体制や緊急対応の手順などの「危機管理マニュアル」等を作成し，教員の危機管理意識を高める研修や訓練を日頃から行っておく必要がある。

(和田　孝)

第**4**章 特別活動の指導方法と指導技術

特別活動の評価

1 特別活動の評価の基本的な考え方

　『中学校学習指導要領（平成29年告示）解説　特別活動編』では，特別活動の評価について，次のように述べられている。

> 　特別活動の評価において，最も大切なことは，生徒一人一人の良さや可能性を生徒の学習過程から積極的に認めるようにするとともに，特別活動で育成を目指す資質・能力がどのように成長しているかということについて，各個人の活動状況を基に，評価を進めていくということである。そのためには，生徒が自己の活動を振り返り，新たな目標や課題をもてるようにするために，活動の結果だけでなく活動の過程における生徒の努力や意欲などを積極的に認めたり，生徒のよさを多面的・総合的に評価したりすることが大切である。

　特別活動の評価は，①生きる力を育む過程として評価すること，②児童生徒の成長・発達を保障する過程として評価すること，③児童生徒の変容が「見える」（可能性の具現化）過程として評価すること，すなわち，児童生徒の活動状況を的確に見取り，活動の過程に即した評価を行うことが重要である。

2 評価計画の作成

　特別活動の評価を，活動の過程に即した評価として行うためには，その前提として，特別活動の全体計画，各活動・学校行事の年間指導計画，及び，特別活動で育成を目指す資質・能力の全体構造を表す能力系統表を作成し，評価の観点と方法を明確にすること（評価計画の作成）が必要である。その際，特別活動の全体目標，各活動・学校行事の目標を踏まえ，特別活動が，①児童生徒と教師の協働による「生活づくり」の活動であること，②「集団や社会の形成者としての見方・考え方」を働かせる過程であることが，評価の観点として具体的に示されることが重要である。

　評価計画の作成においては，活動の結果だけでなく活動の過程を多面

的，継続的に評価することが求められる。とりわけ，児童生徒自身が，
「自分たちの活動が学校生活を創り，変えていく」という実感をもつこ
とができるような活動であったかどうか，具体的には，①児童生徒も教
師もともに，自分たち自身が学校生活の主体であること，②生活づくり
の目的を共有し，他者と協働すること，③お互いに学び合い，変わると
いうこと，③認め合い，支え合う関係が自立への道を開くこと等の意味
を実感し，自己肯定感を高め，共によりよく生きるための意思と能力を
実現することができたかどうかが，評価の観点に反映されることが重要
である。そのために，活動の各段階において活動を振り返り，成果と課
題を検証し，共有化するための場を十分に確保することが求められる。

3 特別活動の評価で重視したいこと ─指導と評価の一体化を図る─

> 評価については，指導の改善に生かすという視点を重視することが重要である。
> 評価を通して教師が指導の過程や方法について反省し，より効果的な指導が行
> えるような工夫や改善を図っていくことが大切である。

　「望ましい集団活動」（筆者注：「望ましい集団活動」は今回の学習指
導要領で削除されたが，筆者はあえてこの言葉に拘りたい）を実現する
過程である特別活動においては，次の5点を踏まえて，指導と評価の一
体化を図ることが必要である。①取り組むべき課題が学級及び学校生活
の改善目的として明確化され，児童生徒及び教師の間で活動の目標と意
味，内容と方法，役割とルール，結果とその価値等が共通に理解されて
いるかどうか，②活動の計画，実施，評価，改善の過程に自由と責任が
確保されているかどうか，③活動状況に応じて，その結果が随時具体的
な形となって表され，目標達成の成否にかかわらず，相応の成就感が得
られているかどうか，④必要なときに必要な指導・援助が得られるとい
う保障があるかどうか，⑤活動の結果，何かがどこかで確実に変わった
という実感が得られることにより，次の活動への動機づけがなされてい
るかどうかである。そのために，特別活動の評価は，「集団や社会の形
成者としての見方・考え方」を働かせる過程で，集団としての評価と個
人としての評価を相互還流的に行うことが重要である。

（安井一郎）

第4章 特別活動の指導方法と指導技術

特別活動の授業時数

　小学校の特別活動のうち，学級活動（学校給食に係るものを除く。）に充てる標準授業時数は，学校教育法施行規則第51条の別表第1に示さるように，年間35（第1学年は34）単位時間である。児童会活動，クラブ活動及び学校行事については，小学校学習指導要領第1章の第2の3の(2)のイに示されるように，それらの内容に応じ，年間，学期ごと，月ごとなどに適切な授業時数を充てるものとする。

　中学校の特別活動のうち，学級活動（学校給食に係るものを除く。）に充てる標準授業時数は，学校教育法施行規則第73条の別表第2に示されるように，年間35単位時間である。生徒会活動及び学校行事については，中学校学習指導要領第1章の第2の3の(2)のイに示されるように，それらの内容に応じ，年間，学期ごと，月ごとなどに適切な授業時数を充てるものとする。

　高等学校の特別活動のうち，ホームルーム活動に充てる授業時数は，学校教育法施行規則第83条の別表第3及び高等学校学習指導要領第1章の第2款の3の(3)に示されるように，原則として，年間35単位時間以上とするものとする。生徒会活動及び学校行事については，学校の実態に応じて，それぞれ適切な授業時数を充てるものとする。定時制の課程において，特別の事情がある場合には，ホームルーム活動の授業時数の一部を減じ，又はホームルーム活動及び生徒会活動の内容の一部を行わないものとすることができる。

　小・中・高等学校においては，これらの規定に基づいて，学校や児童生徒の実態を考慮し，学級活動・ホームルーム活動以外の特別活動の授業時数を配当することになる。実際には，年間の授業に充て得る総授業時数から各教科等別に示された時数を除いた中から配当することとなる。なお，各学校においては，総合的な学習の時間における学習活動により，特別活動の学校行事に掲げる各行事の実施と同様の成果が期待できる場合においては，総合的な学習の時間における学習活動をもって相当する学校行事に掲げる各行事の実施に替えることができる。　　　　　　（倉持　　博）

118

三訂 **キーワードで拓く新しい特別活動**
平成29年版・30年版学習指導要領対応

第5章

特別活動実践との関連事項

本章では，学問としての特別活動研究や海外の特別活動の状況，教員養成や教員研修における特別活動，特別活動に関する学会・研究会など，日本の小・中・高等学校の実践を取り巻く特別活動のキーワードについて解説する。 （鈴木　樹）

第5章 特別活動実践との関連事項

学問としての特別活動（特別活動学）

1 学問的研究対象としての特別活動

『日本特別活動学会紀要』第1号（1993.3）において，山口満は，特別活動の学問的研究の内容として重点的に取り上げるべきものとして，以下の8点を指摘している。

第一は，教科外活動の歴史的研究や特別活動に関する基本的な概念の整理等を内容とする基礎的研究の充実を図ること。第二は，人間形成における集団の意義，集団と個人の関係，望ましい集団の要件等，特別活動の基本である集団活動に関する基本的な問題を理論的に解明すること。第三は，現代の人間形成の課題や学力形成との関係で特別活動の基本的な課題の在り方を問うこと。第四は，指導の原理，原則を明らかにした上で個別的な方法，技術の在り方を探求すること。第五は，特別活動に関する学校経営論的アプローチであり，実践を通して力量形成を図る道筋をどのようにつけるかということも含まれる。第六は，研究方法の開発であり，現場の実践的研究に基礎を置く，実践的で実証的な研究の在り方を明らかにすること。第七は，諸外国における教科外活動との比較研究ということである。第八は，学校五日制と関わって，子供を自立した生活者，生活を自己管理することができる者に育てるといった観点からの指導の在り方を見直すことである。（p.16）

そして，特別活動研究に期待されるのは，「現場における実践的研究と大学における理論的研究が相互還流的な関係にある新しいタイプの教育研究のスタイルを創造すること」（p.17）であると述べている。

学会創立25年が経過して，特別活動研究は，その研究成果の蓄積に基づいて，特別活動学として自他共に認める学問的体系を確立することができたのだろうか。石田美清は，『日本特別活動学会紀要』第25号（2017.3）において，学会紀要論文の分析に基づいて，「内容が総花的で，特別活動の『基礎的概念』の構築や共通理解が図られてきたとは言いがたい」〔山口の言う一〜三に当たる〕，「実践開発研究等は増加傾向」〔山口の言う四〜六に当たる〕にあると指摘した（P.7，〔　〕内は筆者）。特別活動学と

120

しての学問的体系構築への道半ばというのが現状である。

2 特別活動学とは何か

　ある一つの研究領域が学問として成立するためには，当該領域における研究対象と研究方法に関する共通の認識が必要となる。特別活動の場合，石田の論考にも見られるように，いずれも多義性を含んでいる。そこに特別活動の特別活動らしさがある。しかし，大事なことは，その共通の基盤となるものは何かを明示できるかということである。筆者は，特別活動を「自治と文化の創造を核とする生活づくりの活動」と捉えている。このことが，特別活動の本質であり，学習指導要領に示された各活動を行えば，それが特別活動になるのではない。その活動が子どもたち自身の生活づくりにどう資するのかが問われなければならない。

　特別活動学は，単一の学問分野ではなく，複数の学問分野によって構成される総合科学である。親学問とも言える教育学自体がそのような性格を持っているが，特別活動はその対象となるのが，子どもたちの学級・学校生活そのものであるため，その性格をより強くもっており，そのため，研究対象と研究方法に多義性が生じることとなる。その多義性こそ特別活動を特別活動たらしめていることを認識し，そこから特別活動学の基盤となる論理を構築する必要がある。

　特別活動は，子どもたちの学級・学校生活そのものを対象とするため，関連する学問領域は人文，社会，自然の垣根を越えて幅広く，多岐にわたる。それを「『自治と文化の創造を核とする生活づくりの活動』を成り立たせる基盤となる」学問という視点から整理すると，四方の神として世界の要と見なされた青龍，白虎，朱雀，玄武になぞらえて，教育学，心理学，社会学，哲学が要となると捉えることができる。

　子どもたちの成長発達に資する教育活動の一つである特別活動であるから，教育学，心理学については言うまでもない（○○教育学のような下位分野はここでは問わない）。子どもたちを自治と文化の創造が成される集団や社会の形成者たらしめるために社会学も不可欠である。何よりも重要なのは哲学である。生活づくりの基盤となるのは，子どもたち一人一人が，「いのち」の意味を問い，お互いが自分らしく生きられる生き方とは何かを考え，実現していくこと＝哲学することである。これを欠いては，仏つくって魂入れずである。この４つの学問的基盤に基づいて，「自治と文化の創造を核とする生活づくり」に資する理論と実践であれば，すべてが特別活動学の対象となると言える。　　　　（安井一郎）

第5章 特別活動実践との関連事項

特別活動の名称（日本特別活動学会の英文名称）

1 特別活動の英文名称としての extracurricular activities

　日本特別活動学会では，2017年度の1年間を費やして，学会名の英文名称の検討を実施した。この年度に「日本特別活動学会英文名称・会員種別検討委員会」が組織され，委員は上岡学，桑原憲一，白松賢，林幸克，山口満，米津光治，委員長は林尚示が担当した。長沼豊会長からの諮問を受け検討を進め，2018年3月に答申を出している。

　答申では，英文名称に関する検討について次のようにまとめられている。英文名称に関する諮問内容としては，本学会25年の歴史と成果をふまえた学会の今後のあるべき姿から，本学会の英文名称は現在のものでよいか否か，変更するとすれば何がよいかについて協議し提言してほしいというものであった。英文名称検討の目的としては，現在の英文名称は「The Japanese Association for the Study of Extraclass Activities」であるが，特に extraclass でよいのか否か，他にあるか検討するというものである。

　1年間の検討を経て到達した英文名称について，これまでの「The Japanese Association for the Study of Extraclass Activities」から「Japanese Association for the Study of Extracurricular Activities」に変更することを提言している。

2 英文名称選定の経緯及び理由

　本学会発足時，ジョーンズ（Jones, Arthur J.）の extraclass activities の使用例を活用し学会名の英文表記が「The Japanese Association for the Study of Extraclass Activities」に決まった。

　しかし，現在は extraclass activities では使用例が少ないことが委員会内で課題となった。次に，中間まとめを作成し，4種の英文名称案を提示し，学会理事に対して電子メールによるアンケートを行い，結果をふまえて委員会で1つに絞った。

122

アンケートを踏まえて検討した結果，海外に紹介する効率性を重視して extracurricular activities に決まった。extraclass activities は，現在のところ世界での使用例が少なかった（検討時，google scholar で375件）。tokkatsu も現在のところ世界での使用例が少なかった（検討時，google scholar で21件）。また，tokkatsu では部活動が学会の研究対象から除外されてしまうことが課題となった。special activities も現在のところ世界での使用例が少なかった（検討時，google scholar で21件）。また，special activities でも部活動が学会の研究対象から除外されてしまうことが課題となった。特別支援教育との混同，防衛用語との混同も課題となった。

extracurricular activities は世界での使用例が多かった（検討時，google scholar で約97,600件）。その上で，extracurricular activities であれば，部活動も研究対象に含めることができると判断された。

英文名称変更の理由は，上記の経緯をふまえて，名称をより普遍的なものとして海外の研究者などにも理解していただきやすいようにしようということである。extraclass（教室外，通常の授業外，特別なクラス，特別な授業，等）という言葉は消えるが，委員会では extraclass が特別活動の重要な特徴の一つと考えられており，新英文名称の中に含まれると理解された。

3 関連して協議した事項

学会名の英文名称のみで日本の特別活動の内容を説明し尽くすことは困難であった。そのため，英文名称変更の機会に本学会ホームページ等で英語による特別活動の説明が必要であると判断された。説明の際は，学会理事アンケートをふまえて様々な観点から慎重に審査を行ってきた結果，「tokubetsukatsudou, tokkatsu, special activities, extraclass activities, extra-subject activities, embedded in school curriculum, fundamental activities of school, child-centered collaborative activities, motivation, communication」等の語の活用が妥当であるとの判断に至った。

また，extracurricular activities と extra-curricular activities についての検討も行ったが，google scholar での使用頻度の面で extracurricular activities が適していたため，これを採用した。なお，英語での団体名表記の慣例にあわせて学会名英文名称の初めの the は省くこととした。

（林　尚示）

第5章 特別活動実践との関連事項

特別活動のあゆみ(1)

(1) 学校教育の歴史における教科外活動

　学校教育は，長い間，教科の教育を中心にして展開されてきた。このことは，現在も変わらない。

　しかし，学校では，「教科」として組織することには適していない様々な学習活動，例えば各種の儀式，行事，学級や学校を単位とした自主的で自治的な集団活動，同好の児童生徒のグループによる文化的，体育的な活動等が行われ，認知的な能力の育成に傾きがちな学校教育に豊かな彩りを添え，変化を与え，調和のとれた「全人教育」の実現に貢献してきた。

　そうした活動は，「教科教育」に対して「教科外活動」「教科外教育」「課外活動」等の名で呼ばれており，学校のカリキュラムを「教科課程」と「教科外課程」との2課程で構成することは，近代的なカリキュラム編成の原則となっている。

　こうした教科外活動のもつ教育的な価値に注目し，学校カリキュラムに取り込むことを意図した先駆的な事例として，① J.H. ペスタロッチ（1746-1827）の生活教育思想による実践，② T. アーノルド（1795-1842）によるフットボールやボート等のパブリック・スクールへの導入，③20世紀初頭のアメリカのハイ・スクールにおける各種のクラブと自治活動（ホームルームや生徒協議会等）を挙げることができる。

　アメリカでは1920年代後半以降，ホームルーム，クラブ，アッセンブリー等を行うための「活動の時間」（activity period）が設けられ，「活動プログラム」（activity program）がつくられるようになった。このように，正規の外に置かれていた教育活動が正規のカリキュラムに取り込まれ，コース・オブ・スタディが作られ，評価の対象になることを教科外活動の「カリキュラリゼーション」（curricularization）と呼ぶ。戦後の我が国における「課外活動」の「教育課程化」はアメリカのハイ・スクールにおけるカリキュラリゼーションの考え方と方法に大きな影響を受けている。

124

⑵ 近代日本の学校教育における教科外活動の展開

1874（明治 7 ）年に始まる慶應義塾の三田演説会，東奥義塾，札幌農学校，同志社等の文学会，1978（明治11）年の札幌農学校の遊戯会等，明治の前半期に中等学校以上の諸学校において演説会，討論会，運動会，校友会等が盛んに行われ，西欧の文化活動やスポーツを日本の青年たちにいち早く伝えることになった。教科外活動の始まりであり，日本の近代化を進めるという課題に応えるものであった。

初等教育についてみると，1891（明治24）年には「小学校祝日大祭日儀式規程」が制定され，各種の儀式が実施されるようになり，天皇制国家主義教育の展開に重要な役割を果たすことになった。その後，明治30年代の終わりごろまでには運動会，遠足，学芸会等が広く行われるようになり，日本の学校の特色ある教育活動として定着することになった。

大正期の自由教育では，自治と協同による学級会の運営や自由な表現活動を重視する学校劇等，教科外活動の新しい展開がみられた。その歴史的な意義は大きい。

⑶ 1947（昭和22）年版学習指導要領一般編（試案）における「自由研究」

1947（昭和22）年 3 月20日，文部省によって，「学習指導要領・一般編（試案）」が刊行された。Ａ 5 版・52頁のこの小冊子は，同年 4 月から新しい学校制度の下で発足する小学校と中学校における教育の目標，教科課程，学習指導法，学習結果の概要を明らかにしたものであった。

そこには，従来の国民学校時代には見られなかった新しい教科として，「社会科」「家庭科」それに「自由研究」が設けられた。

この内，「自由研究」は，①個人の興味と能力に応じた教科の発展としての自由な学習，②クラブ組織による活動，③当番の仕事や学級委員としての仕事という 3 つの内容から成るものとされており，教科外活動を主な内容とするものであった。

「自由研究」の授業時数は，小学校 4 ・ 5 ・ 6 学年で 1 週当たり 2 ～ 4 時間，中学校では「選択科目」として各学年 1 ～ 4 時間とされている。

「自由研究」は，小学校については1951（昭和26）年の指導要領の改訂によって，中，高校については1949（昭和24）年 5 月の学校教育局長通達によって廃止され，新たに「教科以外の活動」（小学校），「特別教育活動」（中，高等学校）という「領域」が設けられることになった。

廃止の理由として，文部省は，自由研究として強調された個人の興味と能力に応じた自由な学習は各教科の学習指導法の進歩とともにかなりの程度各教科の学習の時間内にその目的を果たすことができるようになったということを挙げているが，教科学習の個別的な発展という本来の趣旨が理解されなかったこと，実際には教科的な色彩の濃いクラブという形態で行われたこと，指導の方法が難しかったこと等の事情が廃止のより現実的な理由であったと思われる。本来ならば，教科の指導法が進歩すればするほど「自由研究」の真価が発揮されるはずのものであった。

　短命ではあったが，「自由研究」の構想と実践は，教科外活動の教育課程化の先駆としての意義をもっており，考え方の上でも，教科外活動はまず最初に教科学習の個別的な発展として位置づけられ，その上にクラブ活動や自治的，集団的な活動が派生するという注目すべき視点を提供することになった。教科外活動の発生的基盤を学級における日常的な教科の学習活動に置くという考え方は，教科学習と教科外活動との相互補完的で相互還流的な在り方が求められている今日的な教育状況からみても，再評価に値すると考えられる。

⑷ 1951（昭和26）年版学習指導要領一般編（試案）における「教科以外の活動」と「特別教育活動」

　前述したように，1951（昭和26）年改訂の学習指導要領一般編（試案）によって，小学校では「教科以外の活動」，中・高校では「特別教育活動」が教育課程を構成する１つの「領域」として成立した。

　その趣旨について，指導要領では，「ここに特別教育活動というのは，正課の外にあって，正課の次にくるもの，あるいは，正課に対する景品のようなものと考えてはならない。…これは単なる課外ではなくて，教科を中心として組織された学習活動ではないいっさいの正規の学校活動なのである」と述べている。

　ここでは２つのことが注目される。そのひとつは，教科外活動の教育課程化，カリキュラリゼーションが実現したことである。教科課程と教科外課程の２課程構造から成る学校カリキュラムが成立し，教科外活動の位置と役割の明確化が図られた。

　もう一つは，教科外活動の基本的な使命が民主主義社会の市民として不可欠な「公民的資質」を高め，「民主的生活様式の方法」を学ばせることにあることを明確に打ち出したことである。　　　　　　（山口　満）

第5章 特別活動実践との関連事項

特別活動のあゆみ(2)

⑴ 1958年版，1968年版の学習指導要領改訂と特別活動

　1958年版学習指導要領は，国際社会における独立国家としての新しい地歩を確立する目的の下に改訂されたものであり，中央集権的な教育課程行政と系統主義教育への転換が特質である。この改訂において，自治的性格の強い「特別教育活動」の枠外に「学校行事等」が設置された。その内容は，儀式，学芸的行事，保健体育的行事，遠足，学校給食などが含められ，とりわけ儀式において「国旗を掲揚し，君が代をせい唱させることが望ましい」ことが示され論議を醸すことになった。また，「道徳」の時間が小・中学校に特設され，「特別教育活動」における訓育的機能がここに吸収されることになった。

　1968年版学習指導要領は，高度経済成長政策下における改訂であり，能力主義教育の徹底と「教育内容の現代化」が主眼とされた。この改訂において小・中学校では，「特別教育活動」と「学校行事等」が統合され「特別活動」になり，その後定着した。「特別活動」の内容構成は，中学校についてみると，「学校行事等」のなかの「学級指導」が独立し，「生徒活動」（生徒会活動，クラブ活動，学級会活動），「学級指導」，「学校行事」の構成となった。

⑵ 1977年版，1989年版，1998年版の学習指導要領改訂と特別活動

　1977年版学習指導要領は，人間性重視の教育と「ゆとり」が標榜され，様々な教育問題の克服が目指された。1989年版及び1998年版の学習指導要領は，臨時教育審議会答申（1984～87年）で提言された「創造性，考える力，表現力」の育成，また中央教育審議会（1996年）における，「創造的な人材」の育成という教育改革の方向性に則って，「生きる力」（自ら学び考える力）の育成と「ゆとり」の確保をめざす教育構想が示された。

　特別活動について見ると，1977年版学習指導要領には，大きな変化はみられなかった。1989年版学習指導要領では，生徒指導の側面が重視され，小・中学校の「学級指導」と「学級会活動」が統合されて「学級活

動」が新設された。また，学校行事において，集団への適応，自然との
触れ合い，奉仕や勤労の精神の涵養に関わる体験的な活動が重視され
た。1998年版学習指導要領では，好ましい人間関係の醸成，基本的モラ
ルや社会生活上のルールの習得，協力してよりよい生活を築こうとする
自主的，実践的態度の育成，ガイダンス機能の充実の視点から特別活動
が改善され，生活指導の側面が重視されるようになった。また，この改
訂で「総合的な学習の時間」が創設され，特別活動との関係が問われる
ことになった。また，中学校及び高等学校の「クラブ活動」は部活動と
同質的活動であることから廃止されることになった。

(3) 2008年版の学習指導要領改訂と特別活動

　中央教育審議会答申「新しい時代の義務教育を創造する」（2005年）
を受けて教育基本法改正（2006年），学校教育法改正（2007年）が行わ
れ，「国民としての資質形成」や「わが国と郷土を愛する態度を養うこ
と」などが目標として明示された。また，21世紀は，知識のグローバル
化や競争と絶え間ない技術革新が進む「知識基盤社会」であるとされ，
引き続き「生きる力」を育むことが重要であると考えられた。また，
OECD の PISA 調査において我が国の児童生徒は，思考力・判断力・
表現力や知識・技能を活用する能力が不足していることが判明し，その
育成が課題とされた。こうしたなか，小・中学校学習指導要領の改訂
（2008年），高等学校学習指導要領の改訂（2009年）が行われた。そこで
は，活用学力の育成や，全教科で思考力・判断力・表現力を育むため言
語活動が重視されることになった。また，道徳教育の強化が進められ，
その目標に「愛国心教育」，「規範意識の形成」，「公共の精神の尊重」が
明示された。

　特別活動の改善の基本方針の主な内容は次のものである。第一に，よ
りよい人間関係を築く力，社会に参画する態度や自治的能力の育成を重
視するとともに道徳的実践の指導の充実を図る観点から目標や内容を見
直すこと。第二に，体験活動や生活を改善する話し合い活動，多様な異
年齢集団による活動を重視することである。ここからわかるように，道
徳性や規範意識の育成を重視する観点から，人間関係を築く力や社会に
参画する態度，体験活動や話し合い活動，異年齢集団による活動が推奨
されることになった。

⑷ 2017年版の学習指導要領改訂と特別活動

　2017年3月31日に幼・小・中学校の学習指導要領が，2018年3月30日に高等学校学習指導要領が改訂された。その特徴は，コンピテンシー重視の改訂であるということである。コンピテンシーとは，「知識基盤社会」における複雑で予測困難な変化に主体的に向き合うことのできる資質・能力であると考えられている。学習指導要領ではそれらの資質・能力を次の3つに整理している。①，「知識・技能」，②，「思考力・判断力・表現力」，③，「学びに向かう力，人間性」である。

　新学習指導要領の主な改善点は，次の諸点である。①，変化する社会を見ながら多様な人々とつながりを持ち学ぶための「社会に開かれた教育課程」の必要性，②，各教科で学んだ「見方・考え方」を働かせ，知識を相互に関連付けてより深く理解し，課題を見いだして解決策を考え創造する「主体的・対話的で深い学び」の必要性，③，教育内容や時間の配分，人的・物的体制の確保など実施状況に基づく改善を通して不断の見直しを図る「カリキュラム・マネジメント」の必要性，④，各教科において「何ができるようになるか」を明確にするために「指導と評価の一体化」を重視すること，などである。

　特別活動の主な改善点は次の事項である。①，特別活動の目標において，「人間関係形成」，「社会参画」，「自己実現」の3つの視点から上記の「資質・能力」が明記された。②，特別活動の目標の方法原理であった「望ましい集団活動を通して」の表記が，具体的な学習過程の要素を盛り込んだ表記に変更された。③，キャリア教育を充実させる観点から小学校の「学級活動」において「一人一人のキャリア形成と自己実現」が新設され，小・中・高等学校を通じたキャリア教育が想定されることになった。④，特別活動の各活動及び学校行事において，主体的・対話的で深い学びの実現を図ることが明記され，各教科等との関係性を構築する方向に進むことが期待されることになった。⑤，主権者教育が重視され，多様な他者と協働しながら地域の課題解決に主体的に関わり，社会に積極的に関わる力を育成することが求められた。

　今後の課題として，「カリキュラム・マネジメント」が注目される今日，特別活動の独自性をより一層明確にし，他領域との関係のあり方やその具体的な方法について模索することがあげられる。

（矢澤　雅）

第5章 特別活動実践との関連事項

外国の特別活動（欧米）

　外国では，日本のように特別活動を学習指導要領などの公的カリキュラムに位置付けている国はほとんどない。しかし，外国でも類似する活動は数多く行われている。外国の特別活動を紹介する方法として，領域的分類と機能的分類の2つがある。領域的分類とは，日本の特別活動の類型を下敷きにして，外国に類似する活動があるかを探る方法であり，機能的分類とは，特別活動が担っている機能を下敷きにして，外国において同様の機能をもつ学校活動があるかを探る方法である。特別活動の源流を考慮すると，機能に着目した特別活動の分類として，①学校生活を自分達で運営する活動（自治的活動），②自分の才能を開花させる活動（クラブ活動），③問題解決能力や協働性を高める活動（集団活動），④社会性や個人の問題解決能力を高める活動（ガイダンス的活動），⑤社会問題に関することや教科で学んだことを深化させる活動（実践的活動），⑥学習の成果を発表する活動（保護者の参観する活動），⑦学校生活を楽しくする活動（レクリエーション）の7つに分類可能である。

1 機能的分類による外国の特別活動の紹介

　①の自治的活動は，日本では「児童会（生徒会）活動」が相当する。欧米でも草の根的に実施され，イギリス・アメリカ・フランス・オーストラリアの小中学校で類似する活動を見出すことができる。日本との違いは，日本の活動が全児童（生徒）を対象とするのに対し，欧米のものはリーダー養成に重点が置かれ，リーダーとして選出された子どもが活躍する活動であること，日本のものは「自治的」であり，自治を学ぶための模擬的活動であるのに対し，欧米では選出された子どもは学校運営にかかわる重要な会議に，児童（生徒）代表として臨席できるなど，学校構成員の代表者としての地位と権限が付与されていることである。

　②のクラブ活動は，日本では小学校のクラブ活動や中学校の部活動が相当する。イギリス・アメリカ・イギリスの学校では熱心に取り組まれ，フランスでは放課後生活を担当する協会（社会教育施設）と学校が

130

契約して活動を提供している。スポーツや音楽の活動を通して，自分の能力や特技を磨くとともに，学校対抗戦や寮対抗戦を催すことで，学校や所属集団への忠誠心や集団の凝集性を高めている。

③の問題解決能力や協働性を高める集団的活動は，日本の学級活動(1)の話合い活動や，運動会や修学旅行等の学校行事全般が相当する。「異なる他者との協働」や「共有する課題をともに解決する力」は未来志向型コンピテンシーでも繰り返し言及されてきた不可欠の能力である。フランスでは市民性教育の一環で，学級の課題を話し合う時間を制度化した（2002年に小学校で「共に生きる」「集団生活 - 定期的な討論」が学習指導要領に登場。2008年改訂時に「市民性と道徳の教育（EMC）」に統合された）。ドイツでも週の終わりに学級で生じた問題を話し合う活動を草の根的に行っている。しかしながら，欧米の学校では，学級を共同体とみなし，そこで生じる葛藤や協力を子どもの人間形成に生かそうとする発想自体をもたないことが多い。学校生活の文脈のなかでこれらの能力を高めるというよりも，協働する能力を高めるためのプロジェクトを導入する。オーストラリアでは学校対抗の問題解決型プロジェクトの大会を行っている。規定の人数でチームを作り，提示された課題について解決策を考え，1平方メートルの持ち場に解決策を示し，その解決策の妥当性とプレゼン能力を競い合うのである。

④のガイダンス的活動は，直接的には日本の学級活動の(2)と(3)が該当するものの，特別活動を通して個人の資質・能力を育てるという観点からは特別活動全般があてはまる。アメリカでは品格教育 Character Education，イギリスでは人格的社会的健康教育 Physical Social Health Education のなかで行われる。フランスでは授業科目「市民性と道徳の教育（EMC）」や，「健康と市民性の教育のための協議会」が提供する活動のなかで，薬物乱用防止・性教育・健康と栄養などについて学ぶ。日本との違いは，欧米では一斉教授型授業による個別の学習であるが，日本では一斉教授型授業であっても，集団的な学習であり，そのなかで個々が意思決定するというプロセスを経るところである。

⑤の社会問題に関することや教科で学んだことを深化させる活動は，当該社会の抱える課題によって多様な活動が展開されうる。多文化主義のオーストラリアでは，互いの出自的背景を尊重し，原住民との和解を目指すために，自分の文化を紹介しあう行事や，原住民への謝罪の意を

表する行事を行っている。オーストラリア・イギリス・ドイツに共通して，読書週間に本の主人公の衣装を着て登校する楽しい行事もある。

⑥学習の成果を発表する活動は，日本の運動会や文化的行事（学芸会・作品展・合唱コンクール等）が相当する。イギリス・ドイツ・オーストラリアでも，学期中に音楽の授業で学んだ合唱や合奏，芸術（ドラマ）で学んだ演劇を保護者に向けて披露する会が定期的にもたれる。演劇であっても，日本の学芸会のように衣装や小道具を教師が準備することはなく，保護者と子どもが話し合って自分の役に相応しいものを準備する。日本のように入念に練習したり準備したりすることはなく，当日までの課題解決や人間関係の調整に教育的価値を見出すこともない。

⑦学校生活を楽しくする活動については，日本では特別活動全般が楽しい学校生活の実現に間接的に貢献しているものの，楽しさだけを目的とする活動はない。イギリスやオーストラリアでは，学期末のダンスパーティやお祭りなど，子ども達の交流と楽しさを第一目的とする行事が定期的に行われ，それらの実行には保護者が大きく貢献している

2 領域的分類による外国の特別活動の紹介

日本の特別活動は①学級活動，②児童会（生徒会）活動，③クラブ活動，④学校行事の4つの領域からなる（中学校ではクラブ活動を除く3領域）。①②③については既に言及済であることから，④に属する活動のうち，儀式的行事・運動会・修学旅行・奉仕的活動について取り上げる。

儀式的行事のうち，入学式や卒業式は，オーストラリアやドイツでも節目を祝う行事がある。ドイツでは小学校の入学式に学用品やお祝いの菓子の入った円錐型のシュール・テューテをもっていくことが習わしとなっており，入学を祝う式典がある。運動会は，イギリスやオーストラリアで行われている。陸上競技とレクリエーション活動からなり，陸上競技については学校代表を選出する予選として行う。特別な準備や練習はなく，保護者の参観もない。修学旅行はフランスで広く行われている。日本と同様に校外学習と交流活動のふたつの主目的があるものの，フランスのほうが校外学習の意味あいが強い。奉仕的活動についてはオーストラリアで年に1回，全国的に清掃奉仕の日 Clean up Australia があり，学校周辺の清掃活動を行っている。

(山田真紀)

第5章 特別活動実践との関連事項

外国の特別活動（アジア）

「アジア」を定義することは実は難しい。アジア諸国は，政治・経済のみならず，法律，歴史，教育，文化などその違いは大きく，一括りにして語ることはできない。したがってここでは，いくつかの国・地域を事例に，近年の動向を見ることにする。その際，必ずしも「特別活動」という名称が使われているわけではないので，広く教科外活動の領域を対象として扱う。

１ 諸外国における教科外活動

⑴ 中国における教科外活動

中華人民共和国（以下，中国）では，ナショナル・カリキュラム（中国では，「課程標準」）にそって教育が行われており，初等教育段階における，教科等の構成は，品徳と生活（1―2年），品徳と社会（3―6年），科学（3―6年），語文，数学，体育，芸術，外国語（3―6年），総合実践活動とされており，このほか，各地方や学校によって別途設置された教科など（学校の自由裁量時間）から構成されている。教科外活動に位置付けられる総合実践活動は，児童生徒の個性や自主性の育成という素質教育の理念を受けて行われる，児童生徒の興味・関心に合わせた活動で，体験を重視している。3―12学年の児童生徒が対象である。総合実践活動に示されている内容は，プロジェクト活動，地域奉仕と地域における実践，班活動，記念日の活動，学校行事（科学技術節，体育節，芸術節），心理・健康活動，環境教育，薬物活動など，日本の特別活動の領域に位置づけられる活動も含んでいる。また，各学校の裁量で設ける学校の自由裁量時間では，各種学校行事，運動会，遠足，朝会，科学技術文体活動など，日本の学校行事と似た活動が行われている。

⑵ 韓国における教科外活動

大韓民国（以下，韓国）では，2009年版教育課程で，グローバル創意人材の育成を掲げ，現行の2015年版教育課程（2017年度から現場に順次

133

適用）では，「創意的体験活動」が新設された。この領域は，これまで教育課程にあった「創意的裁量活動」と「特別活動」を再編したものである。

創意的体験活動の活動内容は，「自律活動」「サークル活動」「ボランティア活動」「進路活動」の4つから構成されている。自律活動は，「各種行事，創意的な特色ある活動に自発的に参加し，変化する環境に積極的に対処する能力を育み，共同体の構成員としての役割を遂行する」とされ，日本における学級活動や児童・生徒会活動，学校行事が含まれている。サークル活動は，「サークル活動に自律的・持続的に参加し，各人の趣味と特技を創造的に開発し，協同的な学習能力と創造的な態度を育む」とされ，クラブ活動に近い領域である。ボランティア活動は，「隣人や地域社会との分かち合いや配慮の活動を実践し，また自然環境を保護する生活習慣を形成して，共に生きる人生の価値を理解する」とされている。進路活動は，「興味と素質，適性を把握して自身の本性を確立し，学業と職業に対する多様な情報を探索して自身の進路を設計，準備する」と定められている。日本ではキャリア教育に関わる記述は学級活動に，ボランティア活動に関わる記述は学校行事にあるが，韓国では，ボランティア活動と進路活動が領域化されている。その逆に学級活動や児童・生徒会活動，学校行事は自律活動にまとめられているので，両国における各活動の扱いに差がみられる。

ちなみに韓国では，基本的に部活動は行われておらず，教育課程の一環としてクラブ活動が行われている。中学や高校で部活動を行うことも稀で，体育系中学・高校を除いてはほとんど実施されてない。

(3) シンガポールにおける教科外活動

シンガポールには，3年生以上の児童に教科外活動として，Community Involvement Programme（CIP）と Co-curricular Activities（CCA）と呼ばれる領域がある。これらは近年の改革で正規のナショナル・カリキュラムに位置づけられ，教育省は，この領域を積極的に推進している。前者は，児童生徒の関心に基づくコミュニティ参加活動を通した体験型学習である。後者は，日本のクラブ活動に近い領域で，活動は，サッカーやバスケット，バドミントンなどスポーツ系クラブから，科学クラブ，IT，メディア，ブラスバンド，絵画などの文化・芸術系まで多岐にわたる。CCA での成績は，中学・高校入試や大学入試で活

用される。したがって個人を表彰することが重視され，集団性は必ずしも重視されない。シンガポールの学校では，そのほか，入学式や卒業式，運動会，修学旅行など各種行事が行われている。

⑷ インドの教科外活動

　インドでは，中央政府によってナショナル・カリキュラム参照枠組み（framework）が定められているが，学校のカリキュラムは，州ごとに設定されている。ナショナル・カリキュラムに定められている教科外活動としては，「平和のための教育（education for peace）」がある。平和活動のための特別クラブが設けられたりするほか，平和のための教育は，学校のあらゆる活動を通して行うものとされている。入学式や運動会のような行事もあるが，こういった行事は私立で行われているケースが多い。

　そのほか，タイ，マレーシア，ベトナムでも教科外活動は行われているし，台湾でも総合活動として教科外領域での教育実践がある。既存の教科では扱いきれない新しい「学力」を育成する領域として，教科外領域が注目されている点は，アジア諸国で共通している。諸外国の教科外領域について簡単にまとめたのが表である。

〈表〉アジア諸外国・地域の教科外領域

	教育制度	ナショナル・カリキュラム	教科外領域	内容
インド	10-2	有，但し基本的に州ごとに設定	平和のための教育	クラブ活動，行事活動など
中国	6-3-3等	有	総合実践活動，学校の自由裁量時間	プロジェクト活動，地域奉仕と地域における実践，班活動，記念日の活動，学校行事など
韓国	6-3-3	有	創意的体験活動	生徒会，学校行事，学級活動など
台湾	6-3-3	有	総合活動	自治活動，クラブ活動，社会活動，総合活動など
タイ	6-3-3	有	学習者発達活動	ガイダンス活動，児童・生徒活動，各種行事（学校内に限らず地域で行われる場合もある）など
ベトナム	5-4-3	有	集団活動，総合活動	学校行事，慈善事業など
シンガポール	6-3-3等	有	正課併行活動，活動学習プログラム	学校行事，生徒会活動など
マレーシア	6-3-2	有	課外活動	制服活動，団体・クラブ活動，スポーツ活動など

参考：文部科学省（2017）『世界の学校体系』，二宮皓編著（2016）『新版世界の学校』，各国教育省Webサイトなどを参考に作成。

（田中光晴）

第5章 特別活動実践との関連事項

特別活動 tokkatsu の国際化の動向

1 tokkatsu として海外に認知されたきっかけ

　東日本大震災の際に，秩序を乱さずに避難したこと，駅の階段でも両脇に座って待ったこと，渋滞の中でクラクションを鳴らさなかったこと，被災者が話合い，互いに助け合ったことなどの行動が，海外から高く評価された。このような人格特性を育てている日本の学校教育への関心が高まり，モンゴル国では，道徳や総合的な学習の時間などとともに特別活動の導入を始めた。また，インドネシアでは，2016年にすべての学校で掃除を導入し，一部の地域，学校で特別活動に取り組み始めている。

　そのきっかけとなったのは，東京大学の恒吉僚子教授が，「Educating the Whole Child TOKKATSU」というホームページを開設し，英語で特別活動を発信したことである。現在は，アラビア語や中国語のページも開設されている。また，日本語短縮名として TOKKATSU と紹介したことから，海外の国々では tokkatsu で理解が浸透しつつある。

2 エジプトで始まった tokkatsu

　2015年1月，安倍晋三首相がエジプト・アラブ共和国　Arab Republic of Egypt（以下「エジプト」と略記）を訪問した際に，シーシー大統領が日本式教育導入に強い関心を示したことが発端であった。「アラブの春」以降，政情不安や経済低迷等の状況に直面してきた同国では，国の未来を担う子どもたちへの教育が大きな課題となっていたからである。これを受け日本は JICA（国際協力機構）が窓口となりエジプト教育・技術教育省と協議し，同年10月から2校の小学校において，手洗い，日直当番や掃除等の日本で行われている10の活動を「TOKKATSU」と称して試行し始めた。筆者（國學院大學教授　杉田洋）は，これに全面協力することになった。

　その後，2016年2月にシーシー大統領が日本へ公式訪問をした際，「日・エ共同声明—二国間関係の新たな段階への飛躍のための協力—」

を発表している。教育分野では，エジプト・日本教育パートナーシップ（以下「EJEP」と略記）を策定し，協力を促進することになった。基礎教育においては，規律や協調性の涵養，人格の形成を重視する日本式教育の一つとして「エジプトにおける『特活』の推進」が挙げられた。このことについて，「特別活動（特活）は，社会的，情緒的，感情的，身体的及び知的側面からバランスのとれた子供の発達を目的とした日本式教育課程の基本的構成要素であり，生徒間の積極的な学び合いを促進するため，文化やスポーツ関連の学校行事や学級における教師と子供たちとの双方向の話し合い等の活動を通じて行われるものである。エジプト政府は，エジプトにおいて特別活動を導入することに強い関心を表明した。エジプト政府からの要請に対し，日本政府はエジプトの学校において『特活』を推進していく。」と述べている。

これに基づき，12校のパイロット校での試行を経て，2018年10月に35校のEJS（エジプシャン・ジャパニーズ・スクール）が開校した。初めて「日本」と名の付く海外の公立学校が誕生し，掃除や日直当番とともに学級活動の授業が導入されている。エジプト人の指導者（MT「マスタートレーナー」）の育成も進み，エジプト人によるtokkatsuの指導も始まっている。その際，学級会と学級指導の指導について，「出し合う⇒比べ合う⇒まとめる（決める）」と「つかむ⇒さぐる⇒見つける⇒決める」の学習過程を区別して指導がなされてきた。

エジプト政府は，EJSを今後4年間で200校にまで増やす予定である。JICAは，円借款により日本にて学ぶことができる留学生としての研修制度も開始している。また，「Mini tokkatsu」と称して，約2万校ある一般の学校にも学級活動の授業や日直当番の導入を始めている。今後は，大学での教員養成が課題になる。

3 今後の展望

海外の多くの国々は，多文化国家・多民族国家であり違いや多様性を受け入れ共生・協働する力の育成が課題になっている。日本の特別活動には，そのような資質・能力を学校教育を通して効果的に養う働きがある。今後は，エジプトでのtokkatsuの導入によって，目に見える形で成果を上げることができたならば，さらに多くの他国において，国家としての礎を築く役割を日本式tokkatsuが担う可能性も秘めている。　　　　（杉田　洋）

第5章 特別活動実践との関連事項

生涯学習社会（社会教育）と特別活動

1 生涯学習社会の構築

　教育基本法第3条に「生涯学習の理念」が示され，教育振興基本計画（2018年6月閣議決定）にも生涯学習社会の構築・推進が謳われており，生涯学習社会は今日の教育を論じるうえで看過できない概念となっている。特別活動が目指す3つの視点（①人間関係形成，②社会参画，③自己実現）は，生涯学習社会の基盤構築に密接に関わってくるものである。

2 学習指導要領における社会教育への言及

　学習指導要領は各学校における教育課程の基本枠組みと内容を大きく左右するものであり，必然的に学校教育に関する記述が中心となることは首肯できる。その中で学校教育とともに教育を支えるもう一つの柱である社会教育に関しても言及されていることは看過してはいけない重要な点である。

　例えば，中学校学習指導要領における社会教育関連の記述は，総則や総合的な学習の時間，特別活動等にみられるが，ここでは特別活動と総則に着目する。

　特別活動「指導計画の作成と内容の取扱い」では「各教科，道徳科，総合的な学習の時間などの指導との関連を図り，…（中略）…家庭や地域の人々との連携，社会教育施設等の活用などを工夫すること。」とある。また，特別活動との関連がある部活動について，総則「学校運営上の留意事項」では「生徒の自主的，自発的な参加により行われる部活動については…（中略）…学校や地域の実態に応じ，地域の人々の協力，社会教育施設や社会教育関係団体等の各種団体との連携などの運営上の工夫を行い，持続可能な運営体制が整えられるようにするものとする。」とされている。

　このように，特別活動や部活動の実践に際しては，社会教育施設等の有効活用・連携を視野に入れることが求められているのである。

3 社会教育施設の活用

　社会教育施設の代表的なものとして，公民館，図書館，博物館を挙げることができる。各々の施設数に着目すると，公民館は中学校より4,500施設以上多く，1つの中学校区に1館以上存在することになる。

また，図書館や博物館は一見すると数量的には少ないように思われるが，小学校約6校に図書館1館，高等学校（全日制・定時制）約4校に博物館1館が配置されていることになっており，学校教育との連携が可能な身近な教育資源と言っても過言ではない。

また，学校教育の専門家として各学校段階に教諭がいるのと同様，それぞれの施設に社会教育の専門家として社会教育主事・公民館主事，司書，学芸員等が配置されている。これらの社会教育職員と一緒になって，児童生徒の発達段階を考慮した指導計画・方法のノウハウ等を共有するなどすれば，より効果的な実践に活かすことが期待できる。施設というハード面だけではなく，様々なノウハウも含めた人的資源というソフト面も意識した連携が必要である。

表　施設数比較

公民館	図書館	博物館
14,841	3,331	1,256
小学校	中学校	高等学校
19,892	10,270	4,897

（注）以下の資料をもとに筆者が作成。
・文部科学省「平成27年度社会教育統計（社会教育調査報告書）」2017年
・文部科学省「平成30年度学校基本調査（確定値）」2018年

4 学社連携・学社融合の理論と実践

学校教育と社会教育の既存の教育資源を交換・共有して学習を支援する学社連携，さらにそれを進めて，既存の枠を超えた新たな学習機会を創造する学社融合，これらの概念を押さえておく必要がある。社会に開かれた教育課程とも関連するが，社会教育との連携を進めようとすれば，学校側だけが恩恵を受けるのではなく，地域社会側にとっても意義のある実践にすることが望ましい。

その実践例として「通学合宿」を紹介する。通学合宿とは，1〜2週間程度，地域の公民館等を生活の場として子どもが寝食を共にし，そこから学校に通学するというものである。社会教育行政主催で小学校中・高学年の有志20名前後を対象に行われることが多い。子どもの社会性の育成に有効である等の学習効果が認められるとともに，企画・運営を通して学校と地域社会の相互理解が深まることも見逃せない成果である。事前準備から始まり，危機管理等の支援体制構築まで双方にとって負担があることは否めないが，それ以上に，フェイス・トゥ・フェイスの関係と議論・実践の過程から学ぶものは大きいのである。

学校教育と社会教育の両者が，それぞれの強みも弱みも共有するからこそ，お互いの長所を活かした相互補完的な取り組み，子どもにとって魅力的な活動が可能となる。まず第一歩として，学校の所在する地域にどのような社会教育施設等があり，どのような活動が行われているのか知る，そこから社会教育との連携が始まるのである。　　　（林　幸克）

第5章 特別活動実践との関連事項

教員養成と特別活動

1 教員養成における教職課程の大きな改革

　我が国の学校教育は OECD などから高く評価されているが，その背景には我が国の教育政策とそれを支える教員の働きがある。その意味で教員養成は国の教育を支える重要な課題である。

　教員養成の基本は，「教員になる際に最低限必要な基礎的・基本的な学修」である。新学習指導要領において，例えば小学校に外国語が教科として導入されるほか，ICT を用いた指導法や道徳教育等の充実などの課題があって，それに伴う教職課程における対応が必要とされる。

　その結果，教職課程における科目区分が大括りされる。これまで「教科に関する科目（大学レベルの学問的・専門的内容）」と「教職に関する科目（児童生徒への指導法等）」に分かれていたものを，教科の専門的内容と指導法を一体的に学ぶことを可能にする「教科及び教職に関する科目」に大括り化する。

　さらに，教職課程コアカリキュラムの構想がある。「すべての大学の教職課程で共通的に修得すべき資質能力を明確化して教員養成の全国的な水準を確保」することが目的である。これまで一部の大学教員が自分の関心に基づいた授業を展開していたのを避ける意味があるが，学校現場の課題が複雑・多様化する中で，実践的指導力や課題への対応力の修得が必要とされるからである。

　さらに学校インターンシップが期待されている。これまでの「教育実習」は，学校の教育活動の実際について教員としての職務を実践することであるが，インターンシップは1年次から実施されるもので，学校で行う様々な活動全般について，支援や補助業務を行うものである。長期間にわたるが，特に大学として指導や評価をしないとされる。ただし，学校に赴任した場合，教員としての即戦力が求められるが，教職課程の内容はあれもこれもと盛りだくさんで，各大学の効果的・効率的な教職カリキュラムの実施が期待される。

2 教職課程における特別活動の修得

　教職課程コアカリキュラムは，「特別活動の指導法」として2つの一般目標を示している。(1)は「特別活動の意義，目標及び内容」で，多岐にわたる特別活動について，その意義や目標・内容を理解することがねらいである。到達目標には，例えば「教育課程における特別活動の位置付けと各教科等との関連を理解している」や「児童会・生徒会活動，クラブ活動，学校行事の特質を理解している」などがある。(2)は，「特別活動の指導法」で，より実践的な取組みの理解である。その到達目標には，例えば「合意形成に向けた話合い活動，意思決定につながる指導及び集団活動の意義や指導の在り方を例示することができる」や「特別活動における家庭・地域住民や関係機関との連携の在り方を理解している」などがある。

　(1)と(2)を比べると，(2)が実践的な方法を学ぶことから，かなり難しいであろう。体験的な学習機会が必要である。

　そこで学校インターンシップとの関連がある。学校インターンシップは学校全般についての支援や補助業務を行うとされるが，1年次から参画することで，具体的に示されているのは，○児童生徒等の話相手，遊び相手，○授業補助，○学校行事や部活動への参加，○事務作業の補助，○放課後児童クラブ，放課後教室，土曜授業の補助，等である。子供の生活に密着した体験がかなり可能であって，そこに特別活動での指導のあり方を学ぶ機会が多いといえる。

　さらに留意したいのは，単に特別活動を知識的に理解するのではなく，体験的に学ぶ過程においてアクティブ・ラーニングとしての「主体的・対話的で深い学び」を展開することである。授業において互いに体験した事柄を発表し，相互に批判的に検討し，実際の教育指導の場でどのように有効に活用できるか，更なる深い体得につなげるようにする。その基本の考えは，子供の成長にとって何が重要な教育的要因になるかを考えることで，子供個々の生活基盤や学習基盤への視野を広く持つことである。例えば，家庭の経済的な格差が子供個々の成長に大きな影響を持つとされるが，学校インターンシップの体験などから学校教育の在り方を深く広く考えるようになりたい。その意味で教員養成における特別活動の持つ重要な視点を十分活かすことである。　　　　（髙階玲治）

第5章 特別活動実践との関連事項

教員養成における特別活動の指導法

1 大学の教職課程における「特別活動に関する科目」の位置づけ

　昭和62年の教育職員養成審議会答申「教員の資質能力の向上方策等について」に基づく教育職員免許法改正（昭和63年）により，大学の教職課程の「教育課程に関する科目」の一つとして「特別活動に関する科目」が設置されることとなった。その後，平成9年の教育職員養成審議会第一次答申「新たな時代に向けた教員養成の改善方策について」に基づく教育職員免許法改正（平成10年）により，「教育課程及び指導法に関する科目」に含めることが必要な事項として「特別活動の指導法」が定められた。このような経緯を経て，現在，教職課程を置く大学の多くは，文部省（現文部科学省）の指導もあり，「特別活動の指導法」に関する科目を2単位必修として設置することとなった。

2 教育職員免許法施行規則改正及び教職課程コアカリキュラム作成と「特別活動の指導法」の改善課題

　平成27年の中央教育審議会答申「これからの学校教育を担う教員の資質能力の向上について～学び合い，高め合う教員育成コミュニティの構築に向けて～」に基づく教育職員免許法改正（平成28年），同施行規則改正（平成29年）により，教職課程に係る科目区分の大括り化が行われ，「教育課程及び指導法に関する科目」が「道徳，総合的な学習の時間等の指導法及び生徒指導，教育相談等に関する科目」に改められ，科目に含めることが必要な事項として新たに「総合的な学習の時間の指導法」が加わり，当該科目の事項数と単位数とのバランスが従来以上に悪くなった（小一種・中一種：7事項10単位，高一種：6事項8単位）。

　免許取得に係る総単位数は現状通りとされたため，「特別活動の指導法」を2単位必修として維持することが難しくなり，従来通り2単位必修とする，1単位必修とする，「総合的な学習の時間の指導法」と合わせて例えば「総合的な学習の時間及び特別活動の指導法」を開設し2単位必修とするなど，おおよそ3通りの科目設定がなされることとなった。

142

一方，同年には，「教育職員免許法及び同法施行規則に基づき全国すべての大学の教職課程で共通的に修得すべき資質能力を示すもの」として，教職課程コアカリキュラムが作成・公表された。特別活動の指導法については，以下の内容が示された。

全体目標：特別活動は，学校における様々な構成の集団での活動を通して，課題の発見や解決を行い，よりよい集団や学校生活を目指して様々に行われる活動の総体である。
　　　　学校教育全体における特別活動の意義を理解し，「人間関係形成」・「社会参画」・「自己実現」の三つの視点や「チームとしての学校」の視点を持つとともに，学年の違いによる活動の変化，各教科等との往還的な関連，地域住民や他校の教職員と連携した組織的な対応等の特別活動の特質を踏まえた指導に必要な知識や素養を身に付ける。
(1) 特別活動の意義，目標及び内容
一般目標：特別活動の意義，目標及び内容を理解する。
到達目標：1）学習指導要領における特別活動の目標及び主な内容を理解している。
　　　　　2）教育課程における特別活動の位置付けと各教科等との関連を理解している。
　　　　　3）学級活動・ホームルーム活動の特質を理解している。
　　　　　4）児童会・生徒会活動，クラブ活動，学校行事の特質を理解している。
(2) 特別活動の指導法
一般目標：特別活動の指導の在り方を理解している。
到達目標：1）教育課程全体で取り組む特別活動の指導の在り方を理解している。
　　　　　2）特別活動における取組の評価・改善活動の重要性を理解している。
　　　　　3）合意形成に向けた話合い活動，意思決定につながる指導及び集団活動の意義や指導の在り方を例示することができる。
　　　　　4）特別活動における家庭・地域住民や関係機関との連携の在り方を理解している。

日本特別活動学会では，コアカリに対応する授業内容を保障するために，「特別活動の指導法」の2単位必修を強く主張してきた。しかし，各大学の事情により，全大学での実現は困難になっている。また，一方，「教職課程認定申請の手引き（平成31年度開設用）【再課程認定】」では，「育成を目指す資質及び能力を育むための主体的・対話的で深い学びの実現に向けた授業改善に資する内容」を含むものとされている。学校教育における特別活動の意義を十分に理解した上で，主体的・対話的で深い学びを実現するための実践的指導力の基礎を確実に修得するために，どのような授業内容を構成すればよいのか。筆者は，特別活動体験の振り返り・共有化に基づく課題設定，生活づくりとしての特別活動の意味と役割の考察，特色ある実践事例の分析，そして，特別活動のカリキュラム論的視点からの再検討が授業構成の柱になると考えている。新教育課程の可能性と課題を踏まえた授業構成が求められる。

（安井一郎）

第5章 特別活動実践との関連事項

現職研修と特別活動

1 教員の研修の義務

　学校教育に携わる教員は，次の法令等が根拠となって，教育活動の充実のために教科指導や生徒指導等の研究や自己啓発等の修養に努める義務を負っている。
(1)　教育基本法第9条…法律に定める学校の教員は，自己の崇高な使命を自覚し，絶えず研究と修養に励み，その職責の遂行に努めなければならない。
(2)　教育公務員特例法第21条…教育公務員は，その職責を遂行するために，絶えず研究と修養に努めなければならない。なお，教育公務員とは，副校長，教頭，主幹教諭，教諭，養護教諭等の教員の他に，校長，教育委員会の教育長，専門的教育職員等も含んでいる。

2 教員研修の種類

　教員の研修には，国が行う研修，都道府県等の教育委員会が行う研修（法定研修，教職に応じた研修，職能に応じた研修，長期派遣研修，専門的な知識・技術に関する研修等），市町村教育委員会や学校等で行う研修，自発的に勤務時間外で行う研修等がある。
　公立の小学校等の教員の任命権者は，教育公務員特例法第23条により初任者研修，教育公務員特例法第24条により中堅教諭等資質向上研修を実施することになっている。（表1参照）
　初任者研修が「教諭の職務の遂行に必要な事項」の研修であり，中堅教諭等資質向上研修が「中堅教諭等としての資質の向上を図るために必要な事項」という点で研修のねらいと内容に違いがある。

表1　「初任者研修」及び「中堅教諭等資質向上研修」

研修	初任者研修	中堅教諭等資質向上研修
対象	初任者	中堅教諭等
主催	任命権者（各都道府県教育委員会又は指定都市教育委員会）	
内容等	採用の日から一年間の教諭又は保育教諭の職務の遂行に必要な事項に関する実践的な研修	中堅教諭等としての職務を遂行する上で必要とされる資質の向上を図るために必要な事項に関する研修

144

指導者	初任者研修を受ける者の所属する学校の副校長，教頭，主幹教諭*，指導教諭，教諭，主幹保育教諭，指導保育教諭，保育教諭又は講師のうち命じられた者	主催者が命じた者
その他	指導教員は，初任者に対して教諭又は保育教諭の職務の遂行に必要な事項について指導及び助言を行う。	任命権者は，受ける者の能力，適性等について評価を行い，その結果に基づき，当該者ごとに研修に関する計画書を作成する。

主幹教諭*…養護又は栄養の指導及び管理をつかさどる主幹教諭を除く。　（教育公務員特例法から作成）

■3 特別活動の研修について

　「教諭の職務の遂行に必要な事項」「中堅教諭等としての職務を遂行する上で必要とされる資質の向上を図るために必要な事項」に関する初任者研修及び中堅教諭等資質向上研修では，特別活動に関する内容が実施されている。法定研修以外にも，授業力向上を目的とした研修において，教科・科目と同等に特別活動の研修を設けている教育委員会もある。小学校及び中学校を中心に，学級（ホームルーム）活動，学校行事，児童・生徒会活動など多様な研修が実施されている。

表2　特別活動の研修例

自治体名等	研修名	研修内容
神奈川県	豊かな人間関係づくり研修会	児童生徒の豊かな人間関係を構築するための指導について理解を深め，実践力の向上を図る。
千葉県	高等学校若手教員のためのホームルーム経営講座	高等学校のホームルーム経営やホームルーム活動の内容について，学習指導要領の趣旨を踏まえ，指導の工夫改善を図る。また，先輩教員の優れた実践から学ぶ研修等を実施し，高等学校若手教員のホームルーム経営実践力の育成を図る。
広島県	特別活動「自治的な集団をつくる生徒会活動，学校行事の進め方」講座	特別活動の特質や学習指導要領改訂の要点を理解し，自治的な集団をつくるため，生徒会活動，学校行事，学級（ホームルーム）活動を相互に関連付けながら，効果的に指導する力を身に付ける。

※各自治体ホームページの教員研修に関する項目より調査

　また，自治体が認定している研究団体や私的な研修団体など様々な研修団体においても特別活動の在り方や指導法などの研修が行われている。

■4 まとめ

　特別活動は，学級（ホームルーム）経営や教科指導等の基盤となる教育活動であることや高等学校においては道徳教育に関する内容の導入されることから，教員のライフステージの各段階で，地域の状況，教員や児童生徒の状況等をふまえ，学習指導要領に適した研修の場を提供することが必要であると考える。

参考文献：『新訂　キーワードで拓く新しい特別活動』（日本特別活動学会監修）

（森田常次）

第5章 特別活動実践との関連事項

特別活動に関する学会・研究会

1 特別活動の授業実践や学問的な研究の推進と教育改革への提言

⑴ 新学習指導要領に基づく特別活動の授業実践力の向上

　日本特別活動学会（英文名 Japanese Association for the Study of Extracurricular Activities。以下本学会とする。）は，学校教育における新たな教育課程や学習指導要領に基づいての目標「子供たちが未来を切り拓くための資質・能力を一層確実に育成することを目指す。」とともに「生きる力」をより具体化した①知識及び技能，②思考力・判断力，表現力等，③学びに向かう力，人間性等の三つの観点から，改めて特別活動の在り方を探求し，授業実践の充実と指導力・実践力などの向上を目指した研究・実践を行っている。

⑵ 科学的な研究や実践に基づく学問的な研究

　本学会では，特別活動の授業実践を重視するとともに，科学的で学問的・理論的な研究を深め，特別活動の教育的意義をより一層明確にし，着実に教育効果を高めることを目指して，小・中・高校の現・元教員や多様な専門分野からの研究者，学者による研究が行われている。その成果の一端は毎年発表している機関誌「紀要」や大会・研究会等における研究発表及び通常年3回発行している「会報」等に掲載している。

⑶ 教育改革への提言

　本学会としては，教育改革への提言を特に教育課程の改善の時期に合わせて行ってきたが，その主なものは次の通りである。①第15期中央教育審議会への要望（平成7年12月7日），②教育課程審議会への要望（平成9年6月2日），③中央教育審議会初等中等教育分科会教育課程部会への要望（平成17年6月6日），④中央教育審議会初等中等教育分科会への要望（平成27年12月14日）　　　　　　（注，会報参照）

2 学会の目指す目的

　本学会の目的は会則第2条において「本会は，特別活動の研究の充実

発展・奨励並びに普及を図ることを目的とする。」と示されている。この目的に即して学会員による実践的・理論的な研究を行っている。

3 目的遂行のための具体的な事業・活動の内容

⑴ 大会及び研究会の開催

①大会の開催　大会は年１回，原則として各都道府県単位で開催している。第１回大会は埼玉県の文教大学でシンポジウムテーマ「これからの教育課題に応える特別活動」をもとに開催しており，平成30年度の第27回大会は東京都の武蔵野大学で「特別活動を国内的視点と国際的視点からとらえる―共有するものは何か，独自性は何か―」をテーマに開催している。大会では通常，課題研究４分科会，自由研究３～６分科会等を設けて学会員の特別活動の実践や研究成果の発表が行われる。

②研究会の開催　研究会は研究推進委員会が中心になって特別活動に関する教育課題や新たな学習指導要領の目指す目的・目標，内容，方法，評価等具体的な課題を明確にしての取り組みを行っている。年２回の研究会開催は学会員の研究や実践の促進に大きな成果をあげている。

⑵ 研究成果に基づく機関誌その他の刊行物の発行

①機関誌『日本特別活動学会紀要』の発行　『紀要』は紀要編集委員会によって原則年１回発行されており，平成30年３月には第26号が発行されている。その内容は学会員の特別活動の研究や実践に基づく教育課題の解決や未来社会において子どもたちが主体的・自立的に「生きる力」を身につけるための特別活動の在り方など，科学的，理論的な研究に基づいての多様な研究成果が掲載されている。

②会報の発行　会報は会報編集委員会によって，現在78号まで発行されており本学会の大会・研究会の内容や各種委員会，各支部の活動，総会・理事会報告等会員の研究・実践に資する情報が掲載されている。会報は本学会の研究・実践や諸活動の歴史を示す重要な記録でもある。

③『キーワードで拓く新しい特別活動』の発行　本学会は『キーワードで拓く新しい特別活動』（初版平成12年８月，第２版平成22年８月，第３版「本書」令和元年）を発行している。これらは小・中・高校の学習指導要領に対応して「特別活動に関する基本用語を収集整理し，意味の明確化を図り，共有化を促進することを目指したものである。」（第２版「まえがき」から引用）。第３版は新学習指導要領に基づく基本用語

や新たな課題に対応した用語の解説等を行っている。

④各種委員会等での調査・研究成果をまとめた冊子　これまで各種委員会等で行った調査・研究等の成果を冊子にまとめている。例えば，「特別活動の改善に関する調査報告書―調査結果に基づく提言―」（平成26年1月研究開発委員会）や「いじめのない学校づくり―特別活動の重要性を訴える―」文科省研究補助金「研究成果公開促進費」研究成果公開発表，報告」（平成26年1月，研究企画委員会）等がある。

⑶ 学会員の理論的・実践的研究を奨励する「学会賞」の授与

本学会では，学会賞規程第1条に示す「この規程は，日本特別活動学会員の理論的，実践的研究を奨励し，本学会の発展に資するための賞について定める。」に基づき，①学術研究賞，②研究奨励賞，③功労賞を設けており，選考委員会の選考を経て，既に数名の学会員に会長から学会賞が授与されている。

⑷ 会員の研究・実践の促進

会員の特別活動の研究や実践を促進するために大会の開催や研究推進委員会による年2回の研究会開催，紀要編集委員会による機関誌「紀要」に掲載する論文募集や編集・発行，実践研究支援委員会による「授業研究や実践に関する支援と相談事業」・「実践事例募集事業」の推進，優れた実践者の表彰，会報編集委員会による会報の発行等を行っている。

⑸ 他学会，研究団体等との連絡・提携，諸外国との交流

本学会は生徒指導，キャリア教育，道徳教育などの学会を初めとして他学会や各種研究会（小・中・高校の特別活動研究会や全国特別活動研究会，学校行事研究会，その他特活関連の研究会など）及び教育関係諸機関との連絡・提携を図り，研究・実践の充実向上を目指している。なお特別活動に関する諸外国との交流などは今後の課題と考えられる。

⑹ 本学会の会員数とその構成及び各支部等との連携

平成4年2月1日の本学会設立総会時の会員数は136名であったが平成30年8月25日現在では532名となっている。会員は，小・中・高校の現・元教員や大学，教育研究所等の研究者・学者及び教育関係諸機関の職員等である。なお本学会には群馬，九州・沖縄，近畿の3支部があり，これらの支部とも連携して大会や研究会の開催，研究活動の推進を図っており，総じて活力ある組織的活動や運営を行っている。

（注，本稿の詳細は「日本特別活動学会」で検索，参照）　（原口盛次）

三訂 **キーワードで拓く新しい特別活動**
平成29年版・30年版学習指導要領対応

第6章

ワード解説

本章では，第1章から第6章では取り上げられなかった特別活動及び関連事項のキーワードについて，解説する。

- §1 特別活動の本質・理念
- §2 学級・集団に関わるキーワード
- §3 話合い活動等の手法・機会
- §4 生徒指導・生徒理解の理論・実践
- §5 特別活動と関わる実践
- §6 地域社会との関わり
- §7 調査研究，評価の手法に関わるキーワード

§1 特別活動の本質・理念

word 生きる力

「生きる力」という言葉は一般的には，人間が一個の独立した人格をもって人間として社会で生きていく上で求められる総体をさす。文部科学省は「新しい学習指導要領改訂」で，特別活動で育みたい力として，以下の三つの柱にそって目標を整理しているので，その点を手掛かりとして自主的に「生きる上で必要とされる力」について記す。

先ず①「人間関係を形成することのできる力」②「社会参画のできる力」③「自己実現を可能とすることができる力」である。つまり，知識・技能（確かな学力等），思考力・判断力・表現力，学びに向かう力・人間性（これまで言われた豊かな心や人間性等）である。加えて，体力・健康・命を守る力は当然生きるための資力・能力である。これらは，1999年の中教審で取り上げられた，激動の社会を生き抜くための資質や能力と，ほぼ同様の意味をもつ。これらの力を培うには，学校・家庭・地域社会の連携と，子どもたちの豊かな体験活動等の積み重ねが必要である。

（池沢政子）

word 創造力（creativity）

ヴィゴツキーは「想像は創造的な作業にとって決定的な重要性をもっている」とし，「想像が外的な形象として形を与えられるとか，結晶化される」ことで生まれる，創造についても言及している。そして「想像は，つねに現実によって与えられた素材によってつくられている」とも述べている。空想したりメージしたりするという想像が，新しいものを造るという創造に決定的な重要性をもっており，想像が日常生活の営みを背景にし，発現されるものであるならば，創造の可能性である創造性にとっても，日常生活は重要な意味をもっている。このようなことからすれば，日常の生活の営みを基盤に展開される教育活動である特別活動は，様々な想像を働かせ，新たな価値あるものを創造する可能性に満ちている活動であると考えられる。特別活動が，その非日常的な要素や遊びの要素なども生かすことで，人間が根源的にもつ創造性を発揮し，新たなドラマや感動を生む場となりうることが期待されている。

（長島明純）

word 批判的思考（クリティカル・シンキング）

　特別活動の文化的基盤を作った一人である木下竹次は，教師の存在について，学習者である子どもに影響を与える環境の一部となるとしている。彼は「教師は最善の努力をして学習者に優秀なる疑問を提出させることに突進せねばならならぬ」とも述べている。目の前にある物事を，受動的に受け止め，安易にそれを良しとするのではなく，「それは本当に良いのか」という能動的な問いを持ち続け，丁寧に吟味し判断する「批判的思考」を育むことは，特別活動においても重要である。このような「批判的思考」は，子ども自身の思考を練り上げると共に，本気の対話でお互いが衝突し，しかもお互いを高め合うために必要である。このような真剣な対話によって，個々の子どももその集団も中味が鍛えられる。しかしそのためには，子ども達が安心してその「批判的思考」を働かせることができる，環境の一部と教師がなる必要がある。まず教師自身が，物事の本質を見極めようとする問いを大事にしたい。

（長島明純）

word 人間としての在り方生き方

　1989年版高等学校学習指導要領によって，「人間として在り方生き方」という用語は普及した。この用語は，その総則における道徳教育の目標に関しての箇所でまず使用されたうえで，次に公民科と特別活動の目標の箇所でも出現し，その後の2018年版に至るまでそれぞれの領域で使用されている。また，中学校学習指導要領ではこの用語は「人間としての生き方」となり，小学校学習指導要領では2008年版より「自己の生き方」という文言で出現している。なお，学習指導要領の総合的な学習の時間のところでは，この用語の「人間としての」という修飾句の箇所は「自己の」となっている。このようないわゆる「生き方教育」の文言の相違は，主に子どもの発達段階に対する配慮からである。高等学校段階では，子どもはそれ以前よりも「社会や人間の在るべき姿」を視野に入れながら，自らの行動をより主体的に選択・決定できるようになってもらいたいために，「在り方」という語句が追加されていると考えられる。

（吉田武男）

word 人権尊重の精神と特別活動

人権教育及び人権啓発の推進に関する法律（平成12年12月6日法律第147号）第六条で，「国民は，人権尊重の精神の涵養に努めるとともに，人権が尊重される社会の実現に寄与するよう努めなければならない。」とある。「人権尊重」は，人間が人間らしく幸せにいきていくための最低限の条件であり，日常生活のあらゆる場面において大事にしなければならない基本的ルールといえる。人々が社会の中で互いに幸せに生きていくためには，他者の人権を尊重していくことはとても大切なことである。

特別活動の第1　目標(1)に「多様な他者と協働する様々な集団活動の意義や活動を行う上で必要となることについて理解し，行動の仕方を身に付けるようにする。」とある。多様な他者と協働して活動を展開していくには，互いのよさや可能性を理解し，尊重していく必要がある。そのことで，集団や社会における生活及び人間関係をよりよく形成していける。特別活動での人間形成には，人権尊重の精神は不可欠といえる。

（五百住　満）

word ハレとケ

民俗学の用語。日本の生活は，ハレ（晴）とケ（褻）の循環のリズムの中で構成されているとしたもの。ハレは，祭りや年中行事，冠婚葬祭などの非日常的な時空間を，ケは，普段の日常的な時空間を意味する。生活の節目ともなるハレの場は，日常とは異なる緊張感が強いられたり，逆に，開放感に満ち溢れたりする場であり，こうした場への参加は，集団の成員相互の社会的な絆を結び直す上で大きな意義をもつ。

学校生活では，非日常性をもち日々の教科等の学習の成果を総合的に発揮する場である学校行事はハレ的な性格を，日課表に示された日々の学習や生活はケ的な性格をもつ。ハレとケの循環という面から考えると，学校教育において，日々の学習や生活の充実を図っていくことが学校行事の充実に繋がり，それによって集団の成員間の絆が深まることで，日々の学習や生活が更に充実・発展していくというように，学校行事と日々の教育活動の相互補完的な関係を大切にしていくことが求められる。（城戸　茂）

§2 学級・集団に関わるキーワード

word フォーマルグループとインフォーマルグループ

　1930年代のアメリカのホーソン実験とよばれる小集団研究の成果から生まれた概念である。フォーマルグループとは，形式的集団とか公式的集団と訳される。集団内の役割関係（役割構造）が明確であることがその特徴である。学校現場で考えると，学年初めに編成される学級とか，学級内で編成される班とか，委員会活動を行う際の役割分担から生まれるグループなどが該当する。他方，インフォーマルグループとは，フォーマルグループの中にできる，メンバー間の好意的か非好意的か，好きか嫌いかなど，感情レベルの結びつき（人間関係）がその特徴である。フォーマルグループの特徴である集団内の役割構造を超えて，メンバーの意欲や生産性，集団の凝集性に多大の影響を及ぼすとされる。

　学級内に班を編成するとか，学年や学校全体で活動に取り組む際に役割を決め集団活動を行うことは特別活動の方法として一般的であるが，その活動の成果には，集団内の人間関係が深く関わっている。

（南本長穂）

word 学習集団と生活集団

　学習集団や生活集団は，一般的には，学習や生活することを目的に編成された集団を指し，「学級」はこれら両者の機能を持つ集団として考えられてきた。学習集団には，○目標達成のための「学習の単位集団」と考え，学級やグループ別，習熟度別の小集団などの学習形態を指すとする考え方，○それらを基盤にして，皆で分かりあう授業の創造を目指す教育実践の目標概念とする考え方などがある。生活集団も同様に，○学校や学級の日常生活を営む上で編成される学級や生活班，清掃班，係などを指す考え方，○それらを基盤にして，登校から下校までの学級や学校の生活全体を，望ましい人間関係形成に資するように，生活共同体的集団づくりを目指す教育実践の目標概念と捉える考え方などがある。

　本用語は，戦後の民主教育の実践過程において，民間教育研究団体や実践研究者などの間で，教育観，指導観，授業論，集団指導論などをめぐり，展開された教育議論の一側面でもある。

（渡部邦雄）

word 準拠集団 （reference group）

『現代社会学事典』（弘文堂，平成24年）によれば，「自己の態度や価値を形成し行為する際に，自らを比較することによって影響を受けることになる集団のこと。」と定義されている。『心理学辞典』（有斐閣，2010年）では，「個人の意見，態度，判断，行動などの基準となる枠組を提供する集団」とされ，『社会心理学用語辞典』（北大路書房，1989年）では，「個人が所属の有無にかかわりなく心理的に自らを関係づけ，態度や判断のよりどころとしている集団を関係集団あるいは準拠集団」としている。

「家庭」，「友人」，児童生徒らが実際に所属している学級集団（ホームルーム）や学年集団，全校集団等は，成員性集団である。それらの所属集団が準拠集団になるとは限らず，また，「非所属集団」や「社会的カテゴリー」も準拠集団になりうることに留意したい。なお，機能面では，「比較準拠集団」と，「規範準拠集団」が区別されている。

（中村　豊）

word 学級集団・ホームルーム集団

学級・ホームルームの児童生徒は，生活歴や経験，性格などの違いがあるため，様々な個人差がみられ，学級やホームルームの編成当初はまとまりが欠きやすい。しかし，学級集団・ホームルーム集団は児童生徒にとって学校生活の重要な場であり，共通の目標を達成するように相互に協力しあう集団にしていくことが大切である。望ましい学級・ホームルーム集団は必要だと考えられる。例えば，自己存在感がある学級・ホームルームをつくると，そこには各自の居場所がある。自己有用感がある学級・ホームルームをつくると，自分は人の役に立つという自覚が育成できる。

また，小・中学校，高等学校の教育目標は学級・ホームルームで具体化することができる。学級・ホームルームの経営目標は，学校教育目標や学年経営目標との一貫性を保ちながら児童生徒の実態を踏まえたものにするとよい。また，学級・ホームルームの経営目標を児童生徒や保護者に理解していただくことが大切である。

（元　笑予）

word 学級風土（class climate）

　風土とは，元来，その土地固有の気候や地質など自然環境を指すが，広義には社会的・文化的環境をも意味するから，学級風土は，教師と児童生徒の相互行為によって醸成される社会的・文化的な環境とされる。また，学級風土は地域性や学校伝統の影響を受けることによって隠れたカリキュラムの要素が多分にみられる。

　学級は各教科と教科外の指導と学びの主たる場であるが，いじめや暴力等，人間関係に起因する諸問題が生じる場でもある。今日，「主体的・対話的で深い学び」など新しい学びが求められているが，それらの成否は学級の在り方に大きく影響される。そのため，支持的風土の形成など，学級活動やホームルーム活動は極めて重要な意義を持つ。

　その際，学級をすでにある固定した環境と捉えず，教師と児童生徒が学級風土をつくり出しているのであるから，相互行為によって望ましい学級風土に育てるという発想も重要となる。その主な教育実践の場が，毎週の学活・HRであり，毎日の短学活の時間である。

(中尾豊喜)

word 朝の会・帰りの会

　一般的に朝の会，帰りの会，ともに児童生徒の学級生活のリズム化の上で，また学級経営上に重要な教育活動である。

　朝の会は，教師と児童生徒及び児童生徒の朝の出会いの場であり，一日のスタートとして，お互いの健康を確かめあい，今日の学級や学校の行事及び学習の課題や，解決のための意欲を喚起することが期待される活動とされる。

　帰りの会は，今日一日の学級生活や，学校行事等についての参加活動の振り返りの機能をもっている。

　その機能を果たすために，教師を含めて一人一人が今日の学級生活を反省し，成果や課題を理解し相互に励まし合い，明日への希望や期待をもたせるようにすることが重要である。

　なお，朝の会は学校として，月曜の一時限に取りあげることもある。

(中川昭則)

word 小集団活動

　小集団は比較的少人数で学級やホームルーム等で，学習活動を目的として組織されている。教育的には学級の中で組織された小グループや，特定の学習課題や総合的な学習の時間，学校行事に取り組む一定期間の小集団もある。また，学級活動における係活動や，児童会，生徒会における委員会などもあげることができる。

　また，小集団活動の特質は，ア）直接的な関係があり，イ）協働作用が行われる。ウ）相互に個人として面識があり，人間関係の在り方が問題。

　こうした特質を生かすことにより，小集団の成員一人一人に居場所を与え，集団活動への自発的，自主的参加を促し，集団活動を自主的，実践的な活動に充実，発展させることができる。

　そこで，特別活動では教育的に小集団で共通の課題意識のもと，学級，学校生活の創造を目標とし，課題解決を目指し活動することである。

（中川昭則）

word ピア・グループ

　ピア・グループとは年齢や地位などが同等である仲間によって構成される小集団のことで，「同年齢の子どもの仲間集団」のことを指し示すことが多い。ピア・グループは子どもの生活と成長に大きな影響を与える集団で，年齢があがるにつれその影響は大きくなる。

　一般に小学生中学年ごろからピア・グループ間の対立がみられる。しかし中学や高校になると，ピア・グループ間の対立はみられなくなり，グループが相互に無関心となっているともいわれている。その結果，中学生や高校生はノリを同じくする者たちだけのコミュニケーションに終始する傾向が強まることとなる。

　学校現場の教師は自分が担任をする学級等のピア・グループについて，観察等に基づきながらその実態を把握する必要がある。そうした実態把握に基づきながら，多様な他者と協働する機会となる特別活動を実践していくことが教師には求められる。

（長谷川祐介）

word 班活動

　班活動とは，4～6人程度で組織する小集団活動のことであり，グループ活動と呼ぶこともある。相互理解が進み，創意工夫がしやすく，個性の発揮や自主性の育成がしやすいなどの効果が期待できるため，生活や学習など様々な場面で取り入れられている。また，新学習指導要領で重視されている「主体的，対話的で深い学び」の実現に向けても，欠かせない方法の一つとなる。

　特別活動においても，学級会で班ごとの話合いを取り入れたり，委員会やクラブで班ごとに役割分担したりすることで，話合いを活性化させたり，活動への参加度を高めたりすることなどが期待できる。また，修学旅行などの大規模な学校行事においても班活動を取り入れることで，主体的に学校行事に参画する意欲をもたせやすくなる。

　班を編成する際は，活動内容や場面によってリーダーが交替するなど弾力的な編成に努め，好ましい人間関係の形成とともに，主体的な参画意識の高揚や態度の育成を図ることが求められる。　　　　　（大庭正美）

word 係活動

　学級生活の充実や向上を図るために必要な学級内の組織づくりや仕事の分担を，児童が見いだし協力し合いながら責任をもって行う活動。指導者は，児童一人一人の個性を生かした創造的な発想を活動に生かし，学級目標をみんなで達成するために主体的に組織をつくるように指導することが大切である。学級会で，児童から出された係が学級目標達成に必要かどうかについて検討し，合意を形成しながら組織をつくり，係ごとにめあてを決めたり活動内容が分かるような名前をつけたりする活動を進める。「学級みんなのために何ができるのか」について考えることや，一人一人の児童が責任をもって活動するために個人の仕事内容を明確にすること，さらに係の仕事が学級生活の充実・向上に役立っているかという振り返りの活動も大切にする。このように係活動を進めることで，児童は「学級」という社会の中で自分の役割を果たしながら自分らしい生き方を実現する「キャリア形成」を図ることができる。

（秋山麗子）

word 当番活動

　当番活動とは，「学級全員で分担する清掃や給食，交替しながら行う日直，飼育，栽培等の活動」（文部科学省『小学校学習指導要領（平成29年告示）解説特別活動編』，2017）であり，学級生活を維持するために必要な仕事を学級成員で分担して行う活動である。「学級の児童が学級内の仕事を分担処理し，児童の力で学級生活を楽しく豊かにする」（同解説）係活動とは異なる。当番活動で育む資質・能力は，「学級や学校のために友達と力を合わせて働くことの意義の理解」や「自己の役割を果たすことができる力」，「責任をもって主体的に活動しようとする態度」等が考えられる。当番活動は，学級活動(3)イの内容との関連が深く，日常の当番活動を題材に取り上げ，働くことの意義の理解につながる授業を行うことでキャリア教育の要としての特別活動の役割を果たすことができる。また，入学当初は「スタートカリキュラム」との関連を図り，幼稚園や保育所でどのような資質・能力を身に付けてきたのかを理解するとともにそれらを発揮させる指導も大切である。

（大久保利詔）

word 集会活動

　子どもが楽しみにしている活動。参加児童全員で声を出したり体を動かしたりして楽しく活動をする。しかし「楽しく活動できていればよい」，というレベルで終わっている場合が多い。指導者が何のために集会を行うか十分認識できていないからである。全校児童で行う場合，学年で行う場合，学級で行う場合で集会のめあて（目標）は違う。集会の時間の長さでもめあては違う。年度当初，年度終わりでも集会のめあては違う。今，このメンバーで，これだけの時間で集会を行う。その場合，集会のめあては何なのか？　それをまず指導者は考えなくてはならない。そのめあてを指導者自身が認識した後に，子どもと共にゲームの内容や方法等を考える。そのことにより，「楽しい」だけのレベルから，集団育成に有効な「集会活動」となる。また，司会等の運営児童の指導育成も集会の大切な要素である。指導者が細かく指示し，その通りに動くだけでは運営児童の力はつかない。また，終わった後の満足感も薄い。　（植田隆義）

word 異年齢集団活動

　学校における異年齢集団活動は，特別活動の児童会・生徒会活動，学校行事，クラブ活動において，また部活動などで展開されている。それらの活動を通して子どもたちは，年下の者への思いやり，年上の者への尊敬感謝の念などを日常的に身に付けていく。異年齢集団では，同年齢集団と異なり成員の間に各種の能力や経験などに大きな差異があり，その違いを活用し，活動成果を多面的に活かすことができる利点がある。

　かつて地域社会では異年齢の子どもたちが群れて遊ぶ姿が広く見られたが，近年，家庭や地域社会における人間関係が希薄化している。わが国は「異質なものを異質なものとして認める寛容な態度に乏しい」と言われる。価値観・文化・生活様式などの面で大きな違いがある国際社会に生きる子どもたちには，ありきたりの社会性ではなく「しなやかさ」を身に付ける必要があるのであり，学校や地域社会において異年齢集団を積極的に編成し，活動を充実することが要請される。

（成田國英）

word 縦割り活動

　年齢の異なる子供を一つの集団として編成し，活動を行うこと。

　近年の少子化と共に兄弟姉妹の数が減少し，地域における異年齢の集団が形成されにくくなっていることを受け，学校が意図的に年齢の異なる集団を構成し，上級生と下級生の交流を図ろうとする取組の一つとして異年齢の集団による「縦割り活動」が1970年代の末頃から全国の小学校に広がった。学年や学級の異なる児童と共に楽しく触れ合ったり協力して活動に取り組んだりして交流を図ることで，「異年齢集団におけるよりよい人間関係を形成する活動に主体的に取り組み，学校生活の充実と向上を図ろうとする態度を養う」ことをねらいとする。班の編成は，1年生から6年生までを分け，各班に全学年の児童が入るようにしたり，1年と6年，2年と4年，3年と5年でペアの学年を組んだりする方法が一般的である。新学習指導要領において，「異年齢集団による交流の重視」が改善・充実のポイントとして掲げられている。

（眞壁玲子）

word 学年経営

学校教育目標を学年としての発達の様子や特性等に合わせて具体化した学年教育目標の達成に向けて，学年全体が協同的な組織体制をとり児童生徒の実態に即して教育活動を効果的に促進していくための組織的運営である。

主な内容は，①学年の教育機能における学習指導，②学年の経営機能「PDCA」と役割分担，③学年の児童生徒理解と生徒指導，④経営が適切に展開するために必要な条件整備，⑤学年内の共同研修に関するものである。

スタート段階からの相互信頼を基礎にした学年体制づくりが重要である。学校や学年の基本方針を逸脱しない範囲で各学級の独自性を尊重することや，各学級の閉鎖性を排し，学年内の人間関係を重視し共通理解を図り協力関係を構築すること，学年会とその運営方法の工夫を図ることが大切である。

（及川芙美子）

word 共同・協同・協働

いずれも人が協力することを言う。「共同」は，小学校学習指導要領特別活動解説で，学級活動(1)の生活づくりの議題（集団が共同して解決する諸問題）を「共同の問題」といい，学級活動(2)(3)の話合いの題材（一人一人が解決し実践する課題）を「共通の問題・課題」と区別し，「協同」は一般に協力して活動することを言う。「協働」は，これまでも当番などの仕事を協力し合って取り組むことを協働活動と言ったり，教師の指導組織の「協働体制を確立する」などと言う場合に使われることが多かったが，平成30年改訂の学習指導要領や解説で，「多様な他者と協働する」を繰り返し述べている。これは特別活動における様々な実践活動や体験活動への参加の姿勢をより主体的なものにする観点から，児童生徒が集団活動の目標の実現に向けて，その意義を理解し積極的に役割を担い貢献しようとすること（参画）への期待を込めた表現として敢えて「協働する」を用いていると考えられる。

（宮川八岐）

word リーダーシップとフォロアーシップ

　リーダーシップとは，集団の目標の達成のためにメンバーが連帯感をもち，自ら進んで取り組むことができるように働きかける能力と捉えることができる。

　このリーダーシップの機能には，①状況判断の機能，②集団の統一維持機能，③集団目標達成機能の3つが上げられている（大橋幸『集団・組織・リーダーシップ』倍風館，1973，p.364）。

　フォロアーシップとは，集団の目標の達成に向けてリーダーを助けて努力する能力と捉えることができる。フォロアーシップについては，リーダーの指示に従うだけでなく，自発的に意見を述べたり提言したりすることも含めて考えることが大事である。

　学校における指導にあたっては，なるべく全ての子供達がリーダーシップを発揮し，フォロアーシップを経験し，両方の資質を身に付けることができるように指導することが望まれる。

（清武　輝）

161

§3 話合い活動等の手法・機会

word 議題（題材・主題）

議題とは，話合い活動を活性化させる上で大きな役割を担う。子供たちが「話し合いたくなる」，「考えたくなる」議題であれば，話合い活動に対する子供の意欲や参画意識が高まり，話合い活動から実践までを自分事ととらえて，より主体的に取り組むことが期待できる。一方，議題がありきたりなものや抽象的なものであれば，子供の参加意識は低くなり，人任せの話合いになりがちで，実践までたどり着かない場合も多い。まさに，話合いは他人事といった状態である。このように考えると，話合い活動における議題の担う役割は大きく，自分事と考えられるよう議題を工夫することで話合い活動や実践を活性化させることができるものと考えられる。

学級活動では，ときとして題材や主題といった言葉を目にすることもある。題材とは，議題収集から話合い活動，実践，ふり返りといった過程全体を表す言葉として用いられることが多い。また，主題は，内容(2)(3)において用いられることがある。

（後藤道洋）

word ブレーン・ストーミング

アメリカのアレックス・F・オズボーンによって考案された合意形成や意思決定のための話合い活動の一つ。集団でアイデアを出し合うことで，一人では考え付かない発想を組み合わせて，斬新なアイデアが生まれることを期待して行われることが多い。ブレーン・ストーミングを進める際には，次の4つの原則をメンバー間でルールとして共有する。

① 自由な発想の妨げになってしまうので，新しく出たアイデアはその場で判断したり，批判したりしないようにする。

② どんなに些細なアイデアでも，新しいアイデアのきっかけになることがあるので，自由に発言できる環境づくりに努める。

③ できるだけ多くのアイデアを出し合い，新しいアイデアにつなげることを目指す。質よりも量を重視する。

④ 他人のアイデアに便乗して新しいアイデアを加えたり，結合させたりすることで，アイデアの質を高めるようにする。

（大塚昌志）

word ディベート

　ディベート（debate）は，特定のテーマについて肯定側と否定側に分かれ，一定のルールの下で説得性などを競い合う討論である。論理的な思考能力やコミュニケーション能力を育てる場として，言語活動の充実，ディスカッションや対話の重視という潮流の中，活用が広がってきた。学習指導要領改訂（29年）により，「主体的・対話的で深い学び」が課題とされたことで，その具現の方途として，一層の工夫が期待される。

　特別活動は，児童生徒の話合いを核とするが，ディベートの次の特質に留意する必要がある。ディベートの議論は，①問題を解決するためでも，違い・対立を越え合意形成を図るためのものでもない。理解を深め合う議論になる。②大きな特長は，形式的に賛否の立場に身を置き，論理的に主張，説得，論破し合うというゲーム性・訓練性にある。これらを踏まえると，学級活動・内容(1)に適さないと分かる。どの活動でどう活用するか見極めたい。ディベートはよく盛り上がる。議論の楽しさと効果，スキルの上達感を味わわせたいものだ。

（橋本定男）

word シンポジウム

　公開討論会の一つの形式であり，「共に飲む」の意のギリシャ語 symposion（饗宴）が語源とされている。特定のテーマに関して討議を行う際に，異なった立場や視点からの分析や論究が深まるようにするため，学識経験者等の専門家を数名呼び，参加者に対してそれぞれが見解を述べた後，それらの専門的な知見に基づき，質疑—応答を主とした全体討論会に移行する形をとる。このような形式を，正式にはシンポジウム・フォーラムという。

　シンポジウム・フォーラムは，司会者１，２名に３，４名の専門家と参加者から成り立っている。司会者は討議の趣旨，テーマの説明，登壇者の紹介を適切に行い，進行方法についても説明する。その後，専門家が順番に，予定時間内で見解を述べ，場合によっては，補足説明の機会を短時間設けることもある。続いて，テーマに沿った専門的知識の理解を目的とした，登壇者間での質疑応答に移り，その後，参加者との討論に進み，最後に，司会者がまとめていく。

（三橋謙一郎）

word パネルディスカッション

　討論形式の一つで，あるテーマについて異なった意見をもつ討論者が自分の意見発表をした後，会場の聴衆も質問をしたり，意見を交換したりする。司会者をコーディネーター，討論者をパネリスト，聴衆をフロアとよび，タイムキーパーや記録係を置くこともある。学校教育では，国語科の「話すこと・聞くこと」において，「討論する活動」が示されており，「パネルディスカッションをしよう」という教材を取り上げている教科書もある。様々な意見を聞いて，自分の考えを見直したり，深めたりするねらいがある。特別活動では，中学校と高等学校の解説「生徒会活動」の内容「⑶ボランティアなどの社会参画」において「具体的な活動の工夫としては，地域活性化や防災，教育・福祉，環境の保全・保護など地域が抱えている課題解決に向けた発表会やポスターセッション，パネルディスカッションなどを行うなどの活動が挙げられる。」と示されている。

（猿渡正利）

word グループワーク

　子供たちが個々にもつ情報や学習の仕方を有効に活用し，グループを構成して学び合いの体験や学習活動を展開することである。グループの人数は，その場の環境やワークの内容によって異なるが，4〜8人程度が一般的である。その目的は，グループによる課題解決と相互協力である。この解決の過程で，自らの課題に気づく，互いに協力し合う，多様な情報交換ができるなどの体験を味わう。ここでの話し合いや作業等のかかわり合いによって，自己理解や他との感情交流が深まる。

　今日の教育が求める「主体的・対話的で深い学び」を具体化するアプローチとして有効なワークである。2017年3月告示の学習指導要領の「総則」（第4の1）でも，「グループ別学習」の重要性を位置づけ，子供相互の学び合いの体験による知識・技能の習得や学習内容の確実な獲得を求めている。教師にも子供個々の実態把握やワーク課題の具体化，活動状況の読み取りなどの援助と工夫改善が求められる。

（有村久春）

word ワークショップ

　もともとは「手作業や工業の仕事が行われる部屋や建物」（仕事場，作業場）のことである。また，「教育や芸術など様々な分野で，討議，勉強，実験をするための会合や，そのための組織やグループ」を意味している。わが国では，1945（昭和20）年頃に教師が自分たちの持っている問題を持ちよって，相互の研究討議によってその問題の解決をはかる，「ワーク・ショップ方式」の研究集会が全国で行われた。

　2016（平成28）年の中央教育審議会答申は，教育課程を軸に学校教育の改善・充実の好循環を生み出すカリキュラム・マネジメント，主体的・対話的で深い学びの実現のためのアクティブ・ラーニングの視点，また，複雑化，多様化する学校の課題に対して，「チームとしての学校」の視点を求めている。村川雅弘によれば，「教員研修においても，アクティブ・ラーニング的な研修，つまりワークショップ型研修が重要な役割を担う」とされている。

（石田美清）

word アイスブレイク

　アイスブレイクとは，「氷のように緊張して硬くなっている雰囲気を，打ち壊す・溶かす」という意味であり，集団の緊張感をほぐして雰囲気をやわらげる活動のことである。特別活動においては，4月当初の学級・学年における活用や，集会活動や学級会等の導入場面での活用など，年間を通じて様々な場面で活用していくことができる。

　活用の際には，活動との関連を図ったアイスブレイクを用いることに留意したい。例えば，身体を動かす集会活動であれば，準備体操の役割を果たせるような内容にすること，また学級会等の話合いの場面では，笑い合える雰囲気や声を掛け合えるような内容を用いることによって，「発言しやすい環境作り」ができるようにしていくこと等である。いずれにせよ，アイスブレイクの際には「互いに笑い合うこと」「受け容れ合うこと」が重要になる。

（川本和孝）

word ファシリテーション

　ファシリテーションとは，「促進する」「容易にする」「円滑にする」という意味をもっており，チームやグループでの活動を円滑に進行できるように支援していくことである。学校におけるファシリテーションの具体的な場面としては，学習，学級・学校での問題解決，アイディア創造，合意形成，自己・集団の変革，自己表現・成長などが挙げられる。

　また，その役割を担う人はファシリテーターと呼ばれ，常に中立的な立場でチームやグループのプロセスを支援していくことや，成果や学びが最大となるように支援していくことが求められる。集会活動等の実践的な場面においては，中立的な立場からグループや個人の気付きや学びを促進すること，また話合い活動の際には，メンバーの参加を促進し，プロセスのかじ取りや合意形成の手助けをすることがファシリテーターの役割となる。

（川本和孝）

§4 生徒指導・生徒理解の理論・実践

word いじめ

　いじめは対人関係上の問題であるとよくいわれる。とすると，人間関係を育む活動として位置づけられる特別活動は，いじめの未然防止に関わる機能をもっているといえる。特別活動は，学級活動など様々な活動を通して行われ，子どもの社会性を育んでいく。では，人間関係を形成するのに最も必要となるものは何か。それは，思いやりのあるコミュニケーションスキルの育成である。思いやりのある言葉がけなど尊重的態度にみちた言語的，非言語的な関わり方で，他者との円滑な人間関係を築くために必要なスキルをいう。

　本来，学校に通う子どもたちは，意識する，しないに関わらず，学級で先生や友だちから尊重され，認められたい，さらに，分かるまで勉強をがんばりたい，学校で決められたルールを守って自分の役割をきちんと果たしたい，誰からもいじめられず安心して学校で過ごしたい，などと願っている。そのような教室環境のなかで過ごした子どもたちは，一人ひとりの心のエネルギーが充足されているといってよいであろう。

　しかし，日常的にもめごとや問題が発生し，衝突してトラブルとなることが多い場合，どうすればよいであろうか。そのような時には，人間関係の深まりによって対立が生じた，あるいは「(けんかやもめごとなどの) 対立が生じるのは，自然なことである」という指導観をもって，当事者双方の子どもの言い分に十分に耳を傾け，あくまでも民主的な，思いやりのあるコミュニケーションに基づいた話合いによる解決を目指す取組みが，重篤ないじめ問題に発展する危機的状況を食い止める，分岐点となる。

　いじめ問題が重篤化してからの事後的対応は，大きな負担を抱えることも少なくない。いじめ問題は，忘れた頃に起こってくる。特別活動の指導においては，「人のために役立ちたい」と思う自然な子どもの気持ちを尊重し，子どもたち一人ひとりがもっている援助資源（よさ）に着目して，いじめの未然防止に役立つ活動を引き出していくことが求められる。子どもたちの活動意欲を引き出す鍵は，「私のいいところをいつも認めてくれる先生」が握っている。

（池島徳大）

word 不登校

「学校に行かない・行けない」状況にある子供について，学校恐怖症，学校ぎらい，登校拒否などと呼んで対策を講じた時期があった。現在は，子供が登校していない背景には，本人に固有の要因がある場合，学校教育より高い価値を学校外に見出している家庭の状況や地域環境に要因を認める場合，学校生活が児童生徒にとって魅力あるものでなくしかも学校が何らの努力もせずに放置するなど学校に要因がある場合，複数の要因が絡み合っている場合など，理由や態様がけっして一様でないことから，現象用語としての「不登校」が用いられるようになってきている。

国は，不登校を「何らかの心理的，情緒的，身体的，あるいは社会的要因・背景により，児童生徒が登校しないあるいはしたくともできない状況にある者（ただし，「病気」や「経済的理由」による者を除く。）」と定義し，毎年度，不登校を理由に30日以上欠席した児童生徒数とその詳細な状況を調査し結果を公表している。

従前，不登校は「生徒指導上の問題」として位置付けられていた。しかし，「義務教育の段階における普通教育に相当する教育の機会の確保等に関する法律」（平成28年法律第105号）が制定され，附帯決議「不登校児童生徒に対する教育の機会の確保（第2条），不登校児童生徒の意思を十分に尊重して支援が行われるべきこと」及び「不登校というだけで問題行動であると受け取られないよう配慮すること」を付した通知（平成28年12月22日付け28文科初第1271号）が発出されると，不登校に対する概念と対策の視点とに大きな転換が求められるようになった。

社会的な課題と認識された不登校対策であるが，学校には，依然として"学校の課題"として，児童生徒にとって魅力的な場となるとともに，一人一人の不登校状況に適った教育的見地からの対応が求められている。

そもそも学校は，児童生徒が，集団活動を通して様々な能力を開発し，社会的に自己実現できるよう日々の教育を実践しているものである。とりわけ，集団で体験することを通して学び，社会と接点をもつ特別活動を充実させることは，児童生徒の自立を促すとともに，学校の楽しさや充実感の感得と直結するものであり，学校の不登校対策の要となっている。

（松田素行）

word 学級崩壊

「学級崩壊」してしまった場合，どのように学級を立て直したらよいのでしょうか。小・中学校のいわゆる「学級崩壊」に関しては，「学級運営等の在り方についての調査研究」報告書（参考：国立教育政策研究所生徒指導研究センター　2005年3月）に次のように記されている。「学級がうまく機能しない状況」の直接的な要因として　①子どもの集団生活や人間関係の未熟さの問題　②特別な教育的配慮や支援を必要とする子どもへの対応の問題　③学級担任の指導力不足の問題を挙げている。

平成29年告示の「小学校学習指導要領」では総則第3章第4節「児童の発達の支援」の（1の項目）で，学級経営，児童の発達の支援については「学習や生活の基盤として，教師と児童との信頼関係及び児童相互のよりよい人間関係を育てるため，日頃から学級経営の充実を図ること。…あわせて，小学校の低学年，中学年，高学年の学年の時期の特長を生かした指導の工夫を行うこと。」と述べている。担任・教師はこのような取組みを通して学校・学級が児童にとって伸び伸びと過ごせる楽しい場になるよう指導・支援に努める。加えて，「児童が，自己の存在感を実感しながら，よりよい人間関係を形成し，有意義で充実した学校生活を送る中で，現在及び将来における自己実現を図っていくことができるよう，児童理解を深め，学習指導と関連付けながら，生徒指導の充実を図ること」（2の項目）には特に留意する必要がある。

万が一学級崩壊してしまった場合，その克服のポイントについて，ここでは小学校（低～高学年）を中心に明らかにしておきたい。

① どの子も「賢くなりたい」「自分を成長させたい」という願いをもっている。特に大切なのは「教えて褒める」ことの徹底である。→低

② TT方式や交換授業による教師間の協力，専科教諭の応援などいわゆるチームによる改善対応について具体的に行うようにする。→中

③ 学級活動で例えば「KPT」を活用して学級の「よい点」「問題点」「取組み」を明らかにし確実に出来ることから取り組む。→高

④ 「学級崩壊」を単に担任・教師だけの問題にせず，基本的生活習慣や善悪の判断について親と子どもが話し合うよう働き掛ける。→全

（北村文夫）

word 学業指導

最近,「学業指導」の言葉はあまり使われなくなったが,子供の学業を指導・支援するための極めて重要な意味がある。

例えば,子供が新学期になって急に成績が落ちるなどの状況が生まれたとき,教師がその背景にある要因を考え,支援的に指導するなどである。その意味で,かつて中学校の学級活動に学業指導重視の考えがみられ,生徒自ら学ぶ意欲を持つ,自己の能力に応じた学習目標を設定できる,学習の仕方を反省的に改善する,などの学業についての指導の必要性が言われていた。

その考えは今も極めて重要であって,学力向上のためには学習力が十分備わっている必要がある。そのため,自主的な学習意欲・態度の形成,授業の受け方,よい学習の仕方,家庭学習の習慣化などの指導が必要である。また,正しい生活習慣の確立など,生活・学習基盤の形成に向けた指導を重視したい。学級経営としての基本的な課題である。

(髙階玲治)

word 適応と順応

人間がある環境において欲求が満足されているとき,その環境に適応しているという。環境の困難に直面した場合,それを打開し,乗り越えていく行動を適応行動といい,このような行動の特性を含め,適応と言われている。一方,順応とは生理的なものから社会的なものまで広く環境に自分が合うようになることである。能動的な適応と受動的な順応と区別される場合もある。適応については,平成29・30年に改訂された学習指導要領では,学校生活の適応,日常の生活や学習への適応という表現が示されている。

特別活動は,児童生徒が学校生活における人間関係,学業,進路などの問題に直面した場合,それを乗り越える能力を学校における様々な集団活動を通して身に付けていく学びである。教師は,指導する上で,主に集団の場面で必要な指導や援助を行うガイダンスと個々の児童生徒の多様な実態を踏まえ,一人一人が抱える課題に個別に対応した指導を行うカウンセリングを適時適切に行うことが重要である。

(美谷島正義)

word 青年期の理解

　『生徒指導提要』によると，青年期は児童期（小学生）に続く中高生の時期であり，①小から中への移行問題，②抽象的思考の発達，③将来展望の成立，④自我同一性の芽生え，⑤抑うつ傾向，⑥非行の芽生え，⑦性的成熟と性的行動，⑧身体像（ボディー・イメージ）の形成，⑨親からの独立，⑩親友関係の成立，といった特徴がある。教師はこのような特性をふまえた上で，生徒1人1人を理解し，発達支援にあたる必要がある。また学級・ホームルーム活動においては，「(2)ウ　思春期の不安や悩みの解決，性的な発達への対応」（中学校）と「(2)エ　青年期の悩みや課題とその解決」（高等学校）で，生徒は他者と協働して，自己の抱える課題の解決に向けて意思決定することが求められる。その過程を通して，青年期（思春期）の心と体の発達や性に関する情報等を正しく理解し，自己の悩みや不安を解消しながら自他の人格を尊重して行動できる資質・能力の育成が目指される。

(京免徹雄)

word 自己有用感・自己肯定感

　自己有用感及び自己肯定感は，いずれも自己評価による心理社会的な概念である。文部科学省国立教育政策研究所の生徒指導・進路指導研究センターが作成している「Leaf. 18」（平成27年3月）では，自己有用感について，「相手の存在なしには生まれてこない点で，「自尊感情」や「自己肯定感」等の語とは異なります。」と述べている。つまり，自己有用感は，「他者からの評価やまなざしを強く感じた上でなされるという点」において，自他共に肯定的に受け入れられることで生まれ，自己に対する肯定的な評価であり，自己肯定感の核となるものである。自己有用感の育成には，人の役に立った，人に感謝された，人に喜んでもらえた，人から認められた，人から当てにされている等，自分と他者（集団・社会）との関係が不可欠であり，自己有用感の獲得が自己肯定感の獲得につながると考えられている。なお，自己肯定感とは，自己のことを価値ある人間であると判断し，認めることである。

(中村　豊)

word 居場所づくり

　居場所の言葉が用いられるようになったのは，1980年代後半の不登校の増加にある。その後，1992年には学校不適応対策調査研究協力者会議において，「心の居場所」を「自己の存在感を実感し精神的に安心していられる場所」であるとし，学校はその役割を果たすことが求められた。特別活動は児童生徒の「居場所」に最適な場として考えられる。

　2003年の不登校問題に関する調査研究協力者会議においても「心の居場所」が言及され，「自己が大事にされている，認められている等の存在感が実感でき，精神的な充実感の得られる場所」であると示された。

　現在，「居場所づくり」の表現が一般的となり，その取組は学校教育にとどまらず，市町村の教育委員会などが余裕教室等を活用した「放課後子供事業」（文部科学省）や「放課後児童クラブ」（厚生労働省）においても行われている。2018年には，両省は新たな整備計画により，安全で健やかな居場所づくりの充実を目指すことを公表した。

（中園大三郎）

word 心理検査（Q-U，アセス，等）

　児童生徒の学校生活や学級集団の満足や意欲等を測定するグループ・アセスメントのために，様々な尺度が開発されている。現在，多くの学校で普及しているものに，「楽しい学校生活を送るためのアンケートQ-U（Questionnaire Utilities）」（以下，「Q-U」と表す。）及び「学校環境適応感尺度 ASSESS（Adaptation Scale for School Environments on Six Spheres）」（以下，「アセス」と表す。）を挙げることができる。それぞれの尺度を用いた検査の実施方法は，学級集団を単位とし，教員の教示の後に集団で一斉に行われる。Q-U は，発達の段階や校種別に4種の検査用紙が市販されており，いじめ被害，学級不適応児童生徒発見，援助ニーズの把握のために活用されている。アセスは，生活満足感，学習的適応，対人的適応（教師サポート，友人サポート，向社会的スキル，非侵害的関係）の3観点から学校適応感をとらえることができ，書籍に添付されている CD のプログラムを利用することで実施可能である。

（中村　豊）

172

word カウンセリング

カウンセリング（counseling）は，すべての子供によりよい成長と変化を求める心があることに信頼を寄せ，子供の考えや悩みなどを受け容れ，その内面的な気持ちに共感することである。2017年3月告示の学習指導要領の「総則」（第4の1）にも，子供個々の発達を支援する意図からカウンセリングの用語を位置づけ，その重要性を示している。

その定義には多論あるが，例えば「クライエントに対して，面接やグループ・ワークによる言語的または非言語的コミュニケーションを通しての心理的相互作用（人間関係）によって，行動や考え方の変容を試みる援助の方法であり，クライエントの人格的統合の水準を高めるための心理的方法」（『カウンセリング大事典』小林司編・新曜社2004）といえよう。カウンセリングを体系づけたカール・ロジャース（Rogers, C.R 1902-1987）は，その基本要件として「自己一致」「無条件の肯定的配慮（受容）」「共感的理解」の3点を重視するとしている。

（有村久春）

word ガイダンス

平成29年版・30年版学習指導要領では，小・中・高校に「主に集団の場面で必要な指導を行うガイダンスと，…一人一人が抱える課題に個別に対応した指導を行うカウンセリングの双方により，（児童）生徒の発達を支援すること」と記述された。昭和20年代にアメリカのGuidanceが導入されたが，指導，生徒指導，教育指導，補導（輔導）と訳されたり，ガイダンスとそのまま表記された。職業指導（Vocational Guidance）を源流とするものと，デューイ（Dewey, J.）の教育の一般的機能の三つの概念（Direction, Control, Guidance）の一つとして捉えるものとがある。ガイダンスと生徒指導の関係は十分に説明されておらず，学習指導要領解説特別活動編の「生徒指導は，学業指導，適応指導，進路指導，社会性指導，道徳性指導，保健指導，安全指導，余暇指導などの部面に分けて考え，計画されることがある」（中・高）という記述の「生徒指導」とはガイダンスのことである。

（石田美清）

word 構成的グループエンカウンター

　ある集団において人と人とが出会い，こころの触れ合いを体験することである。これを一つの場面や時間，内容に構成して行うことをいう。エンカウンター（encounter）の語義は「出会う」「遭遇する」であり，学校教育では子供同士や教師などとの〈温かい出会い〉を意味する。

　その目的は，①リレーションの体験，②個の自覚（identity の確立），③自己開示の三つである。実際場面では教師（ファシリテーター）がリードしつつ，いくつかの演習課題（エクササイズ）を時間やグループサイズなどに応じて，教師が自由に構成して展開する。例えば，「2分間歩こう」「二人組で話そう」「グループで絵を描く」「振り返りをする」などの演習が考えられる。この体験によって，子供個々の自己理解と他者理解，自己表現や信頼体験，感受性などの促進を図るものである。具体的には道徳や学級活動，総合的な学習の時間などの場で実施したい。いじめや暴力行為等の問題解決に資することが可能である。

（有村久春）

word ソーシャル・スキル・トレーニング

　ソーシャル・スキル（Social Skills）とは，社会心理学者の堀洋道が1974年に日本で初めて取り上げた概念で，「良好な人間関係をつくり，保つための知識と具体的な技術やコツ」のことをさす。ソーシャル・スキル・トレーニング（Social Skills Training：SST）とは，良好な人間関係づくりに必要な技能を向上させることによって，対人関係や適応における諸問題の改善・解決を企図する営みのことである。その技法は多種多様であり，主なものとして強化法，モデリング法，仲間媒介法，コーチング法，社会的問題解決スキル訓練などが挙げられるが，基本的流れは①インストラクション（教示），②モデリング，③行動リハーサル，④フィードバック，というものである。とくに重要なのが行動リハーサルであり，何度も繰り返して，自然に体が動くようにスキルを高める必要がある。いちいち手順を考えながらぎこちなく行うようなものは，ソーシャルスキルとして洗練されていないとされる。　（柴崎直人）

word アサーション・トレーニング

　アサーション（assertion）とは「主張・断言・断定」等を意味する語であるが，教育の分野で取り上げられるアサーションとは自他尊重の自己表現であり，「自分の考え，欲求，気持ちなどを率直に，正直に，その場にあった適切な方法で述べること」である。この自己表現は次の3つのタイプに分類される。①自分は大切にするが，相手を大切にしない「攻撃的（aggressive）自己表現」，②相手を大切にするが自分を大切にしない「非主張的（non-assertive）自己表現」，そして③攻撃的でも非主張的でもない，①と②の黄金率的自己表現の「主張的（assertive）自己表現」，の3つであり，3つ目こそが望ましい自己表現とされる。アサーションのトレーニングとは，3つ目の「アサーティブな自己表現」を，時・場所・場合に応じて適切に行うための訓練であるといえる。一般的には，具体的な日常場面のロールプレイとその検討を通じて，アサーティブな自己表現の体験的な習得をめざすアプローチがなされる。

（柴崎直人）

word ロール・プレイ

　ロール・プレイとは，現実に起こりうる場面を想定して，与えられた役割を演じ，疑似体験を通じて，現実場面での対応力を高める学習方法である。役割演技といわれ，もとはヤコブ・モレノが考案した心理療法であり，サイコドラマやドラマセラピーなどの，演劇的手法による治療方法であるが，教育・訓練技法へと活用場面が広がった。

　活用場面例としては，外国語の会話学習，接客場面，面接練習などがあり，いじめや飲酒・喫煙の指導でも活用されている。

　実施方法では，シナリオを設定して演じる場合とシナリオを使わない場合がある。シナリオ通りに気持ちを込めて演じたり，簡単なシナリオをもとに自由にその場の雰囲気で演じるなど，目的や課題によって工夫が必要である。実施形態では，代表がロール・プレイを行い，その後に意見交換や討議へと発展させる場合と小グループごとでロール・プレイを行い，意見交換や討議へと発展させる場合などが考えられる。

（本間啓二）

§5 特別活動とかかわる実践

word 基本的な生活習慣

　生活習慣とは，経験により後天的に形成され比較的固定化するに至った，日常生活における行動様式のことである。基本的生活習慣は，そのなかでもとくに人間として生きるうえで望ましいとされる基本的行動様式を指し，人としての態度及び行動の基本をなすものであり，また礼儀や身だしなみといった，社会で生きていくために不可欠な，生活に適応する能力・技術・態度などで構成されている。学校における基本的生活習慣の指導は，基本的生活習慣の内容とその重要性を児童生徒に認識させ，これを身につけて実践する態度を育てるために行うものである。本来これは主として家庭でなされるべき営みであるが，都市化・核家族化の進行などによる家庭および地域の教育力の低下により，必ずしも十分とはいえない状況がある。学校が積極的に地域や家庭と連携し，役割分担のもとで基本的生活習慣の形成に取り組むことで，児童生徒のみならず地域や家庭の教育力の向上にも資することになる。

(柴崎直人)

word 食育の観点を踏まえた指導

　食育基本法前文では，「…食育は，心身の成長及び人格の形成に大きな影響を及ぼし，生涯にわたって健全な心と身体を培い豊かな人間性をはぐくんでいく基礎となるもの」と規定している。また，学習指導要領（平成29年告示）第5章第2の学級活動の内容(2)で「食育の観点を踏まえた学校給食と望ましい食習慣の形成」が示され，食育により育成を目指す資質・能力として，「給食の時間を中心としながら，成長や健康管理を意識するなど，望ましい食習慣の形成を図るとともに，食事を通して人間関係をよりよくすること」が掲げられた。こうした資質・能力の育成には，各地域や学校の状況，児童生徒の発達段階等に応じて学校の教育計画等と関連付けながら食育の全体計画を作成し，給食の時間を中心に特別活動や各教科等における食育の内容を相互に関連付け，学校教育全体での取組みが必要である。なお，学校給食の未実施校においても健康・安全に関する指導の一環としての指導が求められる。

(緑川哲夫)

word 人権教育と特別活動

　人権教育（Human rights education）は国際連合人権理事会（United Nations Human Rights Council, UNHRC）を中心として世界規模で展開されている。日本の場合，「人権教育及び人権啓発の推進に関する法律」（平成12年法律第147号）によって，人権教育を「人権尊重の精神の涵養を目的とする教育活動」（第2条）と定義している。一方で，「高等学校学習指導要領」によると，特別活動は人間としての在り方生き方に関する中核的な指導の場面とされている。そのため，世界規模で推進されている人権教育の一環として，日本の特別活動では，人間としての在り方生き方に関する指導が展開できる。例えばホームルーム活動で，社会の一員としての自己の生き方を探求する活動などの基盤に人権教育を置くことができる。ホームルーム活動でホームルーム経営の充実を図り，いじめの未然防止等を含めた生徒指導との関連を図っていくためにも，その基盤に人権教育を置くとよい。

（林　尚示）

word いのちの教育

　無二の存在としての自他に気付き，肯定し尊重し，人類のつながりとして歴史的，社会的，環境的な側面から自他の生き方やあり方を，またいのちある存在のすべてと自らの連続性を考え，感じ，よりよいあり方を学ぶことを目的とする教育。他者のいのちを直接には実感できないが，感じたことを共有することはできる。科学的な知識として学習し理解できる部分と，自分を関係存在と捉えることで実感できる部分とがある。主に後者を扱う特別活動には，不寛容な社会や，多様性の理解と受容が課題の現在，大きな期待がある。前述の目的を，自己中心的ではない「人間らしく生きること」「自分らしく生きること」の意義を捉えることと言い換えるなら，その達成には，特別活動の，例えば子ども自らの「生活づくり」による他者とのかかわりが必要である。つまり学校・教室を自分らしく，のびのびと，安心できる場に自ら創り上げていく活動である。「いのち」の表記はそれ自体が1つの立場を示している。

（天野幸輔）

word 性的な発達への指導

　思春期になると，性腺，性器が発達し，女子は月経，男子は射精が始まる。男女の体格の差などが顕著になってくるが，一般に女児のほうが早く始まり，個人差も大きい。また，異性への性欲的な関心，異性への恋愛感情などが発現するようになる。この時期は，親子のコミュニケーションが不足するようになり，仲間同士の評価を強く意識し，他者との交流に消極的になるなど思春期特有の問題が現れる。指導上の課題としては，性徴に対する不安感が強くなるため，正しい性教育が大切であるが，性の問題には LGBT なども含まれ，生殖器の発育や機能面だけでなく，人間としての生き方の問題として，人権尊重の観点からも指導することが重要である。授業としての指導場面では，保健体育，道徳，特別活動，総合的な学習の時間，理科，家庭科などがあり，保健指導や保健便りなどでの周知も重要である。また，家庭教育との連携は，特に大切であり，PTA・保護者会での課題として重視すべきである。

（本間啓二）

word 発達障害

　発達障害とは，LD，ADHD，高機能自閉症，並びに自閉症全般を含むものであり，特別支援教育の対象である。当該幼児児童生徒については，通常の学級あるいはそれ以外の学級にも在籍することになるが，どの学校種，学級に就学するかについては，法令に基づき適切に判断されなければならない。そして，子供が幼稚園や小・中学校に入学する場合，その子供の必要な知的情報，発達の程度，行動の実態などの客観的なデータを最小限収集しておかなければならない。特に親の願いを丁寧に聞き取ることが大切である。そのことを受けて，障害のない子供と同じスタートラインに立つための支援，例えば言語障害であれば代替手段によるコミュニケーション，学習障害であれば音声やコンピュータによる読み上げや漢字にふりがなや資料の拡大，自閉症であれば視覚情報の活用といった，合理的配慮が大切である。あわせて，通常の学級に就学した場合には，その子が孤立しない学級経営が重要である。

（重松司郎）

word 特別支援教育

　特別支援教育とは，まず障害のある幼児児童生徒一人一人の教育的ニーズをきちんと把握すること。次に子供たちが持っているその力を高めるため適切な指導や必要な支援を行うことで，生活や学習上の困難を改善又は克服することができるようにすること。そして，その結果子供たちが学校から社会に向けて自立や社会的な取り組みができるよう支援することである。そのためには，それぞれの障害に配慮した指導内容や指導方法を工夫した教育を行わなければならない。そこで，特別支援教育を実践するにあたっては，特別支援学校はもちろん，通常の学校の特別支援学級においても障害に基づく種々の困難を改善・克服するために「自立活動」という特別な指導領域が設けられている。あわせて，障害のある子供が地域社会の中で積極的に活動し，その一員として豊かに生きる上で，障害のない子供との交流及び共同学習を通して，相互理解を図ることが極めて重要である。

（重松司郎）

word インクルーシブ教育

　障害者が積極的に参加・貢献できる共生社会の実現は，様々な人が生き生きと活躍できる社会の実現であり大切なことである。そのために各分野において，共生社会実現のための取り組みが進められている。教育の分野においても一人一人に応じた指導や支援に加え，障害のある人と障害のない人が可能な限りともに学ぶシステムを構築しなければならない。そのために，障害のある人が，一般的な教育制度から排除されないこと，必要な教育環境が整備されること，個々の子供たちに必要となる適切な変更・調整が提供されること，が大切である。実施にあたっては，障害のある児童生徒の就学先決定の仕組みが改正され，本人・保護者の意見を最大限尊重し，教育的ニーズと必要な支援について合意形成を図ることが原則である。あわせて，基礎的教育環境整備として，国は全国規模で，都道府県は各都道府県内で，市町村はその管内で，指導体制，教材の確保，施設の設備を行う必要がある。

（重松司郎）

word 多様性（ダイバーシティ）

　近年の学校では従来の同和，人権教育に加え，インクルーシブ教育，外国人児童生徒教育，LGBT（Lesbian, Gay, Bisexual, Transgender の頭文字で，性的少数者を表す言葉の一つ）理解，子どもの貧困対策等に力を入れている。社会経済分野において「ダイバーシティ」は，組織内の人材の多様性を人的な資源として活用するという概念であり，この観点を取り入れることで組織に競争力を与え，所属する個人の自己実現にも通じるとされている。教育現場においても，上記のような多様性を前提として，児童生徒を共生社会を構成する主体として育成することが目指されている。

　特別活動の実践としては，学級内の話し合いで図る「合意形成」，当番・委員活動を通じた社会参画意識の醸成，児童会・生徒会活動等の過程で多様性に気づき，認め合うことが期待される。指導に際しては，しばしば特別活動の負の側面として指摘されてきた，強制力の伴う同化や非対等な力関係が生じないような配慮が必要だろう。

（歌川光一）

word 情報モラル教育と SNS

1 情報モラル教育

　急速に進化し続ける情報社会では，一人一人が生活に及ぼす影響を理解し，情報に関する問題に適切に対処し，積極的に情報社会に参加しようとする創造的な態度が求められる。「情報モラル」とは，情報社会で適切な活動を行うための基となる考え方と態度であり，学校における「情報モラル」の学習が「情報モラル教育」である。

　情報モラルに関する，現在の小・中学校が抱える問題としては，スマートフォンをはじめとするデジタル機器の普及により，子ども達が長時間利用することによる生活リズムの乱れ，有害サイトを通じた犯罪，ネットいじめ等が深刻な問題となっている。

2 SNS（Social Network Service）におけるインターネットトラブル

　SNS とは，Social Network Service の略であり，社会的（ソーシャル），繋がり（ネットワーク）のためのサービスである。児童生徒が経験する SNS を活用したインターネットによるコミュニケーショントラブルとしては，ネットいじめ，児童買春，児童ポルノ等があり，このような犯罪は増加する傾向にある。

3 児童生徒に身につけさせたい情報モラル

　学校教育で行う情報モラル教育では，主に①情報社会における正しい判断や望ましい態度の育成，②情報社会で安全に生活するための危険回避の方法の理解やセキュリティの知識・技能，等が取り上げられる。情報モラル教育は，各学校において，児童生徒の発達段階を考慮し，ネットいじめ等を道徳の時間で取り上げたり，スマートフォンのよりよい活用方法について，学級活動や生徒会活動で取り上げる等，教科等横断的な視点に立った指導の工夫が必要となる。また，インターネットトラブルの危機回避には，活用方法やセキュリティ対応等，保護者の理解と協力は必要不可欠である。学校は，関係機関や家庭・地域との連携等，児童生徒に情報モラルを身に付けるための仕組み作りが重要である。

（入江直美）

word AI と特別活動

1　AI（Artificial Intelligence：人工知能）

　AI（人工知能）とは，人間の脳が行っている知的な作業を，コンピュータソフトウェアなどを用いて，人工的に再現したものをいい，具体的には，人間の使う言葉を理解し，論理的な推論を行ったり，多くの情報や経験からコンピュータ自らが学習したりすることをいう。AIの進歩は，人間の生活をより豊かにするものであるが，AIをより文化的・社会的・平和的に使用するための，倫理観等も必要となってくる。

2　AIと特別活動

　AIは，人間では多くの時間のかかる作業をミスなく瞬時に解決してくれる。現在人間が行っている仕事の多くがAIにとってかわることが予測されている。そのような中，AIに奪われない仕事の特徴として人とのつながりを大切する職業であると言われている。

　特別活動は，様々な集団活動に自主的，実践的に取り組み，互いのよさや可能性を発揮しながら取り組む，人とのつながりを重視する教育活動である。AIの進歩に伴い，今後さらなる特別活動充実が求められる。

（入江直美）

word 持続可能な社会を創る（ESD）

　ESDはEducation for Sustainable Developmentの略で「持続可能な開発のための教育」を指している。それは，環境，貧困，人権，平和，開発といった社会の問題を自らの問題と捉え，それらの課題解決につながる価値観や行動を生み出すことで，持続可能な社会を開発することを目指している。この教育は，①人格の発達や，自律心，判断力，責任感などの人間性を育むことと②他人との関係性，社会との関係性，自然環境との関係性を認識し，「関わり」，「つながり」を尊重できる個人を育むことを重要な観点としている。そのため，学習指導要領で示された「持続可能な社会の創り手」に児童生徒がなるためには，「集団や社会の形成者としての見方・考え方」を働かせ，「互いのよさや可能性を発揮しながら集団や自己の生活上の課題を解決すること」を目標とする特別活動で身につける資質・能力を軸として，身近な学級や学校の改善を図り，持続可能な社会開発への社会参画意欲を高める必要がある。

（白松　賢）

word 総合的な学習（探究）の時間

　総合的な学習の時間は，探究的な見方・考え方を働かせ，横断的・総合的な学習を行うことを通して，よりよく課題を解決し，自己の生き方を考えていくための資質・能力を育成する。(1)探究的な学習の過程において，課題の解決に必要な知識及び技能を身に付け，課題に関わる概念を形成し，探究的な学習のよさを理解するようにする。(2)実社会や実生活の中から問いを見いだし，自分で課題を立て，情報を集め，整理・分析して，まとめ・表現することができるようにする。(3)探究的な学習に主体的・協働的に取り組むとともに，互いのよさを生かしながら，積極的に社会に参画しようとする態度を養う，が目標である。内容は，各学校が探究課題と資質・能力の２つによって定める。なお，総合的な学習の時間により特別活動の学校行事に掲げる各行事の実施と同様の成果が期待できる場合においては，総合的な学習における学習活動をもって相当する特別活動の学校行事に掲げる各行事の実施に替えることができる。

（佐藤　真）

word 職場体験・就業体験

　職場体験・就業体験は，キャリア教育の一環として位置づけられている。職場体験は，中学校特別活動の学校行事　(5)勤労生産・奉仕的行事に記されているとおり勤労観・職業観に関わる啓発的な体験とされ，公立中学校の98%以上で実施されている。生徒の発達段階や卒業後の主体的な進路選択を踏まえ，中学校段階においては，１週間（５日間）程度の実施及び職場体験活動を重点的に推進することが望まれている。一方，就業体験はインターンシップとも呼ばれ，高等学校学習指導要領特別活動の学校行事　(5)勤労生産・奉仕的行事に示されるように職業観・勤労観の形成や進路決定などに関わる体験として，これまで主に高等学校卒業後に就職を希望する生徒が多い普通科や専門学科での実習を中心に行われてきた。今後は進学者が多い普通科でも，大学・大学院等での学習や研究経験を必要とする職業に焦点をあてた，大学等の専門機関において実施する就業体験（アカデミック・インターンシップ）の充実が期待されている。

（関本恵一）

word 学校図書館と特別活動

　学校図書館には，①読書活動，読書指導の場としての「読書センター」，②自主的，協働的な学習活動を支援する「学習センター」，③情報の収集・選択・活用能力を育成する「情報センター」という機能があり，主体的・対話的で深い学びを効果的に進める基盤としての役割をもつ。

　特別活動においては，学級活動（ホームルーム活動）で学校図書館の活用が扱われるが，学習指導要領改訂（29年）により，小・中・高等学校とも内容(3)「一人一人のキャリア形成と自己実現」に位置付けられた。そこには，自主的な学習を深め，学ぶことを自己実現につなげて考え，生涯にわたって主体的に学び続けようとする態度を養うねらいがある。指導に当たっては，効果的な資料の活用法や主体的に学ぶための方法，自己実現（進路選択）につなぐ意義などを大切にすること。また，学校図書館司書や図書ボランティアとの協力，自治的な活動としての図書委員会活動の充実を図ること。今後，公立図書館と連携した活動に注目したい。

（橋本定男）

§6 地域社会とのかかわり

word 地域社会と特別活動の連携

　社会で通用する全人的な人間形成を目指す特別活動を展開するに当たっては，日常生活の場である地域の教育資源や学習環境を活用することが有効である。学習指導要領の今次改訂においては，「社会に開かれた教育課程」の実現が求められるとともに，家庭や地域社会との連携に関する総則の規定の充実が図られるなど，これまでにも増して連携促進のための体制が整備された。こうしたことにより，学校と地域社会との連携を図る上で，特別活動への期待も高まっている。

　地域と連携した取組として，地域の人材や施設の活用，地域の企業等との連携，特別活動と関連付けて行う地域行事への参加等が考えられる。こうした取組を通して，高齢者や働く人々など多様な他者との交流機会の充実を図ることが大切である。また，活動に際し，「人間関係形成」，「社会参画」，「自己実現」の三つの視点を手掛かりに，連携の特質を活かしたねらいを設定し，連携先と共有することが求められる。なお，連携に当たっては，相互理解と互恵関係の構築が大切である。

(城戸　茂)

word チーム学校

　「チームとしての学校」とは，文部科学省が初等中等教育の学校現場において推進しようとしている新たな学校組織の在り方である。中央教育審議会では，平成27年12月21日に「チームとしての学校の在り方と今後の改善方策について」を答申した。

　「チームとしての学校」という考え方の背景には，いじめや不登校，特別支援教育，貧困等，学校教育の課題が複雑化し，従来の教員中心による対応が困難となっていること。一方で，これからの学校教育で推進される豊かな学びの改革への対応も求められているが，教員の業務負担が増大しており，その軽減も求められているからである。

　そこで，このような状況に対処するため，教員に加えて，心理や福祉等の多様な専門性をもつ職員を学校のスタッフとして位置付け，それぞれの専門性を生かして，分担または連携，協働しながら組織的に対応する「チームとしての学校」体制が求められている。

(宮内有加)

word 年中行事

　年中行事は「正月や五節供」「節分や彼岸」いずれも日本の伝統文化や季節感を大切にし，行事を通じて日本の心が養われるものばかりで，ややもすると単調になりがちな日常生活に潤いと豊かさを与えてくれる。

　家庭内の年中行事としての「初詣」「豆まき」「ひな祭り」「七夕」「クリスマス」などでは家族の絆が深まる。地域の伝統的な年中行事では「獅子舞」「どんど焼き」「納涼盆踊り」などに子どもたちが参加して，地域の幅広い年齢層の人々と交流し，郷土の文化や伝統に親しみ，地域の生活における役割分担をし，次代を継承していく経験を積むことができる。学校行事の中には学校独自の文化として毎年定例的に行われている年中行事ともいえる行事がある。特に，勤労生産・奉仕的行事における職場体験活動，各種の生産活動やボランティア活動などの社会体験活動では，集団への所属感や連帯感を深め，公共の精神を養うことができる。

（山田忠行）

word 学校間の連携・交流と特別活動

　学習指導要領第1章総則の第5(2)のイで「他の小学校や，幼稚園，認定こども園，保育所，中学校，高等学校，特別支援学校などとの間の連携や交流を図るとともに，障害のある幼児児童生徒との交流及び共同学習の機会を設け，共に尊重し合いながら協働して生活していく態度を育むようにすること。」と示されている。例えば，近隣の幼稚園や保育所などの幼児を学校行事の運動会に招待したり，一緒に競技して交流したりすることが考えられる。また，近隣の小学校や中学校とは，委員会活動で訪問したり，クラブ活動の成果をお互いに発表したりすることもできる。さらに，近隣の特別支援学校の児童生徒と集会活動の計画を一緒に話し合ったり，実践したりするなどの共同学習を行うことができる。

　その際，多様な人々へと交流を広げるようにするとともに，誰とでも温かい人間的な触れ合いができるようにすることなどに配慮して特別活動の指導計画を作成することが大切である。

（野口博明）

§7 調査研究，評価の手法にかかわるもの

word 調査研究

　教育における調査研究とは，児童生徒等の実態や学校における教育指導等の状況などを調査し，その結果を分析，考察することにより研究主題そのものや研究主題等に関する研究のねらいや研究仮説に迫るものである。

　現状の特別活動の課題としては，指導内容や指導方法の構造的な整理，社会の変化や時代の要請を視野に入れた安全教育やキャリア教育などにおける特別活動が果たす役割を探るなどの実践上のものや児童生徒の社会参画の意識や人間関係上の課題の把握などがあげられる。

　調査研究の方法としては，質問紙を用いる等の質問紙法，ケース・スタディと呼ばれている事例研究法，具体的な児童生徒等の行動等を観察する観察法などがあげられる。これらの方法は，調査の目的に応じて選択することが望ましい。

（美谷島正義）

word 定量的調査・研究方法

　定量的調査は社会調査の一つで，数値化できるデータを収集し，統計的手法に基づいて，対象とする社会や集団を記述，分析する。質問紙調査が代表的な調査方法である。一般的に定量的調査は実証主義に基づき社会現象の因果関係を実証的に説明することを目指す。

　エビデンスに基づく教育を背景に近年，教育政策や学校現場における定量的調査への関心が高まっている。またウェブ調査を実施することが出来るGoogleフォームや統計解析環境Rなどが普及したことにより，誰もが低コストで高度な統計分析を実施することが出来るようになった。こうしたツールを活用した定量的調査が，特別活動研究においても今後，増加するだろう。しかし数値の結果を絶対視することや，定量的調査の方法論を十分理解せず安易に実施された調査分析も散見される。定量的調査の可能性と限界を踏まえながら調査分析を利活用することが，研究者のみならず学校現場の教員において求められる。

（長谷川祐介）

word 定性的調査・研究方法

　平成29年30年学習指導要領改訂では，カリキュラム・マネジメントの重要性が示された。中でも，「教育内容の質の向上に向けて，子供たちの姿や地域の現状等に関する調査や各種データ等に基づき，教育課程を編成し，実施し，評価して改善を図る一連の PDCA サイクルを確立する」ためには，教育評価の多様化・豊穣化が求められる。定性的方法とは，一般に質的調査を意味し，文字データや視覚データを収集し，社会現象を経験的に，分析，解釈する方法である。特別活動は，児童生徒の文化活動・社会活動となるため，テストを用いた定量的な教育評価ができない。一方で，近年，質的調査の様々な手法が開発され，発展しているが，特別活動の研究領域では，質的調査を交えた報告が極めて不十分である。例えば，写真や動画等を対象にするヴィジュアルエスノグラフィーの手法は特別活動の教育成果を文字データや視覚データを用いて明らかにする上で重要であり，他にも多様な質的調査の進展が求められている。

(白松　賢)

word 観察法

　児童生徒など，研究対象者の言動や関係性を調査者が知覚することによって，研究対象者の内面や他者との関係性を読み解く定性的（質的）調査方法のひとつ。観察者が対象者を目の前に観察する直接観察と，映像等を通して観察する間接観察がある。観察をしながら，もしくは観察後できるだけ記憶が新しいうちに，「いつ，どこで，だれが，どのように，なにをしたか」等，その場の状況とともに，できるだけ詳しい情報を記録することが必要である。観察者の研究対象者や観察場面への関与の程度によって，完全な観察者，参与者としての観察者，観察者としての参与者にわけられるが，教師が児童生徒を観察する場合，それは観察者としての参与者ということになるだろう。この場合，観察者である教師は研究対象者である児童生徒や観察場面に与えている自身の影響に自覚的である必要がある。また，組織的，体系的に観察を実施することも可能であり，この場合，調査の妥当性は高まると考えられる。

(岡邑　衛)

word エスノグラフィ（ethnography）

　「民族誌」と訳される。狭義では，調査者が現地を観察して書いた記述を指す。広義では，その記述を活用した質的な研究方法（民族誌的方法）を含む。文化人類学や民俗学に由来し，社会学や教育学などでも用いられる。調査者が現地を訪れ，そこで見聞きした事柄をメモやノート等に書き記す手続きが主となる。文書やスケッチ，写真，録音を併用する場合もある。この手続きは，各種報道・取材やルポルタージュ，フィールドワークに似る。医療や福祉の臨床研究，事例研究とも相性がよい。現地で具体的に当事者の生活世界を体感でき，新たな発見や仮説の生成にも役立つ。一方，現地での関係づくりや情報提供者の確保に時間や手間がかかり，予測不能な偶発性も排除できないため，効率的ではない。学校や教室に応用する場合，調査者と児童生徒，教職員らとの中長期的な関係づくりが不可欠となる。校長や保護者を含む関係者への説明と同意，守秘義務といった，研究倫理面の配慮も必須である。

（根津朋実）

word 自由記述法

　自由記述法とは，調査対象者に，質問に対する回答を選択肢のなかから選んでもらうのではなく，文字通り自由に記述してもらう方法のことである。その活用方法としては，次のようなことがあげられる。第1に，統計的な分析結果を解釈する際の参考にする，ということである。選択肢と比べて自由記述には調査対象者の意識や考えなどが直接反映されやすいことから，それらを参考にして統計的な分析結果をより適切に解釈することも可能となる。第2に，新たな尺度を作成する際の手がかりとする，ということである。具体的には，自由記述によって得られたデータを KJ 法などで分類し，それらを項目化した上でその妥当性を検討することにより，新たな尺度を作成する，ということである。第3に，統計的に解析する，ということである。代表的な方法としては，テキストマイニングがあげられよう。それにより，自由記述を構成する単語の出現頻度や各単語間の関連を分析することなどが可能となる。

（久保田真功）

word 事例研究（実践研究）

　事例研究（case study）とは，1つないし少数の事例（case。特定の個人，集団，制度，実践など）を質的に様々な角度から全体的・包括的にデータ収集と分析を行うことによって実証を行う研究方法，またはこの方法によって行われた研究をさす。統計的な方法に対置した，調査研究の一方法である。実践研究とは，実践の向上を目的とし，実践の内容を対象とし，実践に即した方法によって進められる研究（高久清吉『教育実践の原理』の定義による）であり，多くは事例研究とアクション・リサーチの方法が採られる。

　事例研究，実践研究を行う目的は，対象を理解しその特徴を見いだし，その要因を追究することにある。教育学という学問として事例研究や実践研究を行う場合は，研究対象とした事例や実践以外の対象にも適用可能な一般的な理論や原理を見いだすことにその目的があるので，単なる事例記録，実践紹介とならないようにすることが重要である。

（鈴木　樹）

word アクション・リサーチ（action research）

　アクション・リサーチとは，社会の中で構成されている組織や集団を対象に，その当事者などによって提起された問題（集団の問題）について研究者と当事者などが協力し合い，実践活動を向上させるために問題解決の方法を具体的に検討したり，解決策を実施し活動内容等について改善したりする調査研究法である。アクション・リサーチは，異分野にまたがる実践的な研究手法であるため，チーム・メンバーはその進め方や研究倫理などについての意見交換を行ったり役割分担を確認したりする。アクション・リサーチは，概ね，次のようなプロセスをたどるとされている。実践上の課題把握，アクション・リサーチの計画，アクション・リサーチの開始（実践），アクション・リサーチの効果の観察，振り返りを通して研究成果の共有や新たな課題の発見等の一連のプロセスを通して，更なる改善をめざそうとする循環型のプロセスが特徴であるとされている。

（松田　修）

索　引

────ア行────

アイスブレイク　165
アイデンティティ　88
アクション・リサーチ　190
アクティブ・ラーニング　42, 165
アサーション・トレーニング　175
朝の会・帰りの会　155
アジアの特別活動（外国の特別活動（アジア））　133
アセス　172
在り方生き方　12, 62, 74, 151, 177
安全　21, 24, 25, 27, 31, 36, 37, 49, 53, 69, 75, 80, 81, 83, 85, 108, 112, 114, 115, 172, 173, 176, 181, 187
安全教育　36, 187
生き方　11, 12, 27, 49, 62, 63, 64, 68, 74, 113, 121, 151, 157, 177, 178, 183
生き方について考えを深める　63
生きる力　28, 36, 49, 102, 108, 116, 124, 125, 146, 147, 150
意思決定　5, 10, 18, 21, 27, 30, 31, 36, 37, 53, 68, 75, 78, 108, 109, 113, 131, 141, 143, 162, 171
いじめ　25, 53, 64, 65, 69, 148, 155, 167, 172, 174, 175, 177, 181, 185
いじめの未然防止　25, 53, 64, 69, 167, 177
移動教室　82
異年齢交流活動　61
異年齢集団　18, 47, 51, 53, 65, 73, 102, 125, 159
異年齢集団活動　18, 47, 65, 102, 159
いのちの教育　177
居場所　154, 156, 172

居場所づくり　172
異文化との交流　59
インクルーシブ教育　179, 180
インターネット　48, 181
インターンシップ　140, 141, 183
インフォーマルグループ　153
AI と特別活動　182
extracurricular activities　122, 123
SNS　181
エスノグラフィー　188
エビデンス　187
LGBT　178, 180
エンカウンター　174
演劇的手法　175
遠足　75, 82, 125, 127, 133
思いやりのあるコミュニケーションスキルの育成　167
折り合い　31, 58, 109

────カ行────

外国の特別活動（アジア）　133
外国の特別活動（欧米）　130
ガイダンス　69, 128, 130, 131, 135, 170, 173
カウンセリング　69, 170, 173
課外活動　124, 135,
係活動　27, 47, 57, 61, 156, 157, 158
各活動の年間指導計画（全体計画と各活動の年間指導計画）　94
学業指導　24, 170, 173
学芸会　78, 125, 132
学社融合　139
学社連携　139
学習指導要領　1, 6, 8, 9, 14, 15, 16, 20, 22, 23, 24, 26, 30, 32, 35, 40, 42, 43, 44,

45, 46, 48, 49, 52, 53, 54, 56, 57, 59, 60, 62, 64, 65, 68, 69, 70, 71, 72, 73, 74, 75, 76, 80, 82, 84, 85, 86, 87, 89, 91, 94, 96, 100, 102, 103, 105, 106, 110, 114, 116, 117, 118, 121, 126, 127, 128, 129, 130, 131, 138, 140, 143, 145, 146, 147, 150, 151, 157, 159, 160, 163, 164, 169, 170, 173, 176, 177, 182, 183, 184, 185, 186, 188

学習指導要領の変遷　124, 125, 126, 127, 128, 129

学習集団　17, 153

学習集団と生活集団　153

学習の過程　10, 16, 17, 18, 19, 183

学習発表会　78

学年経営　154, 160

学問としての特別活動（特別活動学）　120

学力　7, 14, 15, 28, 47, 120, 125, 135, 150, 170

学会・研究会　146

学級会　30, 31, 47, 53, 56, 57, 68, 109, 125, 127, 137, 157, 165

学級活動　6, 7, 18, 19, 21, 24, 25, 26, 27, 30, 31, 32, 33, 37, 43, 46, 47, 53, 56, 57, 61, 64, 65, 68, 69, 70, 73, 77, 83, 94, 96, 98, 99, 103, 109, 110, 118, 129, 131, 132, 134, 135, 137, 143, 155, 156, 158, 160, 162, 163, 167, 169, 170, 174, 176, 181, 184

学級活動・内容⑴　163

学級活動・ホームルーム活動指導案　99

学級経営　6, 24, 25, 47, 56, 64, 65, 69, 99, 155, 169, 170, 178

学級集団　6, 51, 56, 57, 61, 99, 154, 172

学級集団・ホームルーム集団　154

学級づくり　25

学級風土（class climate）　155

学級文化　58, 59

学級文化・学校文化　58, 59

学級崩壊　169

学校間の連携・交流　186

学校教育目標　94, 154, 160

学校行事　7, 17, 18, 19, 24, 25, 37, 46, 47, 54, 55, 56, 64, 65, 70, 74, 75, 78, 79, 80, 83, 84, 85, 91, 102, 106, 107, 114, 116, 118, 127, 128, 129, 131, 132, 133, 134, 135, 137, 141, 143, 145, 148, 152, 155, 156, 157, 159, 183, 186

学校行事の指導計画　106

学校行事の内容　7, 75, 91

学校行事の目標　74, 75, 106, 116

学校図書館と特別活動　184

学校文化　58, 59, 114

活性化　71, 157, 162, 164

活動計画　18, 95, 96, 97, 98, 99, 100, 101, 104, 105, 111

カリキュラム・マネジメント　6, 7, 13, 22, 23, 25, 26, 27, 28, 36, 49, 60, 63, 115, 129, 165, 188

観察法　187, 188

間接観察　188

キー・コンピテンシー　8, 9, 51

儀式的行事　75, 76, 77, 132

基礎的・汎用的能力　33

議題　18, 47, 56, 57, 99, 109, 160, 162

規範意識　125

基本的な生活習慣　69, 82, 112, 176

キャリア　18, 19, 21, 24, 25, 26, 27, 29, 31, 32, 33, 44, 69, 108, 129, 134, 148, 157, 158, 183, 184, 187

Q-U　172

教育改革への提言　146

教育課程化　124, 126

教育振興基本計画　138

教育相談　24, 69, 142

教育の機会の確保　168

教育目標　23, 24, 28, 29, 81, 94, 96, 114, 154, 160

教員研修　114, 144, 145, 165

教員養成　137, 140, 141, 142

教員養成における特別活動の指導法　142

教科以外の活動　56, 126, 128

教科外活動　120, 124, 125, 126, 133, 134, 135

教科等横断的　22, 181

共感的理解　173

教師の指導・助言　110, 111

教師の適切な指導　96, 100, 103, 110

郷土　125, 186

共同　59, 73, 79, 108, 131, 134, 136, 153, 160, 179, 186

協同　57, 109, 125, 134, 160

協働　6, 10, 11, 14, 15, 16, 18, 23, 31, 34, 43, 46, 49, 53, 55, 73, 74, 102, 111, 113, 114, 116, 117, 129, 130, 131, 137, 152, 156, 160, 171, 183, 184, 185, 186

議論　63, 109, 139, 153, 163

勤労観・職業観　33, 69, 183

勤労生産・奉仕的行事　75, 82, 84, 85, 91, 183, 186

倶楽部　86

クラブ活動　30, 46, 47, 56, 57, 59, 61, 65, 70, 72, 73, 86, 96, 102, 103, 104, 105, 110, 118, 126, 127, 128, 130, 132, 134, 135, 141, 143, 159, 186

クラブ活動指導案　102, 104

グループ別学習　164

グループワーク　164

計画的指導　55

case study　190

研究・実践の促進　148

健康安全・体育的行事　25, 75, 80, 81, 85

言語活動　52, 77, 109, 128, 163

現職研修と特別活動　144

合意形成　9, 10, 11, 17, 18, 19, 20, 21, 30, 31, 43, 53, 56, 68, 75, 99, 108, 109, 113, 141, 143, 162, 163, 166, 179, 180

公開討論会　163

構成的グループエンカウンター　174

校長の役割　114, 115

公民的資質　129

国際化の動向（特別活動の）　136

心の教育　42

個性　20, 24, 53, 69, 73, 102, 107, 113, 133, 157

五節供　186

国旗　77, 88, 89, 127

国旗及び国歌に関する法律　88

国旗と国歌の指導　88, 89

国旗と国歌の取扱い　88

個と集団を生かす指導　112

子供の主体性　43

コミュニケーション　8, 10, 11, 15, 49, 52, 53, 61, 65, 108, 113, 156, 163, 167, 173, 178, 181

コミュニケーション能力　49, 52, 53, 61, 65, 163

コンピテンシー　8, 9, 51, 129, 131

──────サ行──────

参加　34, 36, 57, 59, 72, 76, 77, 81, 83, 85, 86, 87, 91, 100, 101, 102, 106, 107, 108, 134, 138, 141, 152, 155, 156, 157, 158, 160, 162, 163, 166, 179, 181, 185, 186

参画　7, 9, 12, 13, 15, 17, 19, 20, 30, 34, 40, 41, 43, 44, 45, 47, 53, 57, 59, 63, 68, 69, 70, 85, 91, 96, 101, 103, 104, 105, 108, 113, 114, 128, 129, 138, 141, 143, 150, 157, 160, 162, 164, 180, 182, 183, 185, 187

参加の発展段階　59

自己一致　173

思考力，判断力，表現力等　10, 11, 13

自己開示　174

自己形成　40, 41

自己決定　31

自己肯定感　65, 117, 171

193

自己実現　7, 9, 11, 12, 13, 15, 17, 18, 19,
　　24, 25, 27, 31, 32, 40, 41, 43, 44, 55, 63,
　　64, 69, 90, 107, 108, 113, 114, 129, 138,
　　143, 150, 168, 169, 180, 184, 185
自己指導能力　27, 47, 64
自己存在感　107, 154
事後の活動　17, 18, 19, 47
自己表現　166, 174, 175
自己有用感　85, 154, 171
自己理解　49, 164, 174
資質・能力　6, 7, 8, 9, 10, 12, 13, 16, 18,
　　19, 20, 22, 23, 25, 28, 30, 31, 32, 33, 35,
　　36, 37, 40, 41, 43, 47, 49, 53, 54, 55, 60,
　　62, 63, 68, 71, 73, 74, 75, 76, 80, 84, 86,
　　91, 98, 99, 102, 106, 107, 110, 112, 114,
　　116, 129, 131, 137, 146, 158, 171, 176,
　　182, 183
資質・能力（特別活動で育成を目指す）
　　116
自主的　7, 11, 12, 13, 15, 17, 18, 19, 20,
　　21, 27, 29, 35, 46, 47, 53, 54, 55, 57, 63,
　　68, 73, 75, 86, 91, 94, 95, 96, 97, 98, 100,
　　102, 107, 110, 111, 112, 113, 124, 128,
　　138, 150, 156, 170, 182, 184
自主的，実践的活動　54, 55, 96
事前の活動　17, 18, 19
持続可能な社会を創る　182
シチズンシップ　34, 35
自治的活動　18, 56, 57, 65, 68, 70, 95,
　　110, 130
自治的能力　44, 45, 47, 128
実践研究　148, 153, 190
実践的　6, 7, 11, 12, 13, 15, 17, 20, 21, 27,
　　35, 36, 46, 47, 54, 55, 63, 68, 73, 75, 91,
　　94, 95, 96, 97, 98, 100, 102, 107, 110,
　　111, 112, 113, 120, 128, 130, 140, 141,
　　143, 144, 147, 148, 156, 166, 182, 190
実地踏査　83, 115
指導・助言（特別活動における教師の）
　　110

児童会活動　25, 59, 70, 96, 100, 102, 103,
　　110, 118
児童会活動・生徒会活動　25, 70, 100
児童会活動・生徒会活動指導計画　100
指導計画　32, 55, 56, 60, 61, 64, 82, 89,
　　94, 95, 96, 97, 98, 99, 100, 101, 106, 107,
　　114, 116, 138, 139, 186
指導計画作成　55, 106
指導計画と活動計画　96
児童生徒の発意や発想　59
児童生徒理解　13, 64, 160
指導と評価の一体化　117, 129
児童理解　169
しなやか　159
自発性　69, 85, 90, 91
自発的，自治的　19, 24, 30, 47, 56, 57,
　　64, 72, 95, 96, 98, 99, 103, 110
自発的，自治的活動　56, 57, 95, 110
市民　34, 35, 91, 126, 131
社会化　34, 45
社会教育　72, 75, 83, 91, 96, 100, 107,
　　130, 138, 139
社会教育施設　75, 83, 96, 100, 107, 130,
　　138, 139
社会構築主義　44, 45
社会参画　7, 9, 12, 13, 15, 17, 19, 40, 41,
　　43, 44, 45, 47, 69, 70, 85, 91, 129, 138,
　　143, 150, 164, 180, 182, 185, 187
社会性　27, 29, 44, 45, 90, 102, 130, 139,
　　159, 167, 173
社会調査　187
社会に開かれた教育課程　6, 7, 49, 60,
　　129, 139, 185
社会の形成者　11, 15, 17, 19, 20, 21, 32,
　　35, 41, 43, 63, 74, 91, 112, 116, 117, 121,
　　182
集会活動　57, 158, 165, 166, 186
修学旅行　82, 131, 132, 135, 157
自由記述法　189
自由研究　56, 68, 128, 129, 147

194

集団活動　　7, 10, 11, 13, 15, 17, 18, 19, 20, 21, 35, 44, 46, 47, 48, 49, 53, 54, 55, 56, 57, 59, 60, 61, 63, 65, 70, 73, 74, 80, 87, 95, 97, 102, 105, 110, 112, 113, 114, 117, 120, 124, 129, 130, 135, 141, 143, 152, 153, 156, 157, 159, 160, 168, 170, 182

集団決定　　31, 56

集団宿泊的行事　　75, 82

集団や社会の形成者　　11, 15, 17, 19, 20, 21, 35, 41, 43, 63, 74, 91, 112, 116, 117, 121, 182

授業時数　　26, 60, 73, 82, 96, 102, 103, 118, 125

授業時数（特別活動の）　　73, 118

授業実践力の向上　　146

主権者教育　　34, 44, 57, 70, 129

主題　　29, 42, 162, 187

主体性　　43, 49, 111

主体的　　6, 8, 11, 12, 14, 15, 16, 17, 18, 19, 20, 21, 24, 34, 36, 37, 40, 42, 43, 48, 49, 57, 60, 62, 69, 78, 83, 85, 90, 91, 94, 95, 106, 107, 108, 110, 111, 113, 129, 141, 143, 147, 151, 155, 157, 158, 159, 160, 162, 163, 164, 165, 183, 184

主体的・対話的で深い学び　　6, 8, 16, 17, 18, 20, 21, 36, 48, 60, 106, 129, 155, 163, 164, 165, 184

主体的・対話的で深い学び（特別活動における）　　17, 18

主体的・対話的で深い学びの実現に向けた授業改善　　48

準拠集団　　154

生涯学習社会（社会教育）と特別活動　　138

小学校祝日大祭日儀式規程　　125

小集団活動　　156, 157

情報モラル　　52, 181

情報モラル教育とSNS　　181

食育　　26, 27, 69, 176

食育基本法　　176

食育の観点を踏まえた指導　　176

職場体験・就業体験　　183

所属感　　50, 74, 87, 106, 186

初任者研修　　144, 145

自律　　9, 29, 40, 50, 51, 134, 182

自立　　10, 14, 25, 32, 33, 34, 40, 62, 69, 73, 117, 120, 147, 168, 179

事例研究　　187, 189, 190

人格形成　　40, 41

人権　　9, 21, 90, 152, 177, 178, 180, 182

人権教育　　152, 177, 180

人権教育と特別活動　　177

人権尊重の精神と特別活動　　152

人的　　6, 22, 23, 26, 58, 129, 139, 172, 180, 185

シンポジウム　　109, 147, 163

シンポジウム・フォーラム　　163

心理検査　　172

成員性集団　　154

生活技術の訓練　　43

生活習慣　　10, 61, 69, 82, 112, 134, 169, 170, 176

生活集団　　153

生活づくり　　12, 19, 30, 53, 57, 68, 69, 96, 108, 116, 117, 121, 143, 160, 177

性教育　　131, 178

性的な発達　　69, 171, 178

生徒会活動　　18, 25, 35, 46, 47, 56, 57, 61, 70, 71, 91, 96, 100, 118, 124, 134, 135, 141, 143, 145, 159, 164, 180, 181

生徒会活動の指導計画　　100

生徒指導　　24, 25, 26, 29, 31, 41, 42, 47, 56, 57, 64, 65, 68, 69, 107, 112, 113, 127, 142, 144, 148, 160, 167, 168, 169, 171, 173, 177

生徒指導と特別活動　　56, 64

生徒理解　　13, 64, 160, 167

青年期　　32, 69, 171

青年期の理解　　171

選挙権年齢　　35

全人教育　124
全体計画と各活動の年間指導計画　94
総合的な学習（探究）の時間　35, 82,
　　91, 183
総合的な学習の時間　19, 23, 26, 27, 78,
　　82, 85, 96, 100, 107, 118, 125, 136, 138,
　　142, 151, 156, 174, 178, 183
相互評価　13
創造性　124, 150
創造力　79, 150
ソーシャル・スキル・トレーニング
　　174

━━━━━━タ行━━━━━━

体験活動　17, 18, 19, 44, 47, 48, 49, 55,
　　65, 91, 125, 134, 135, 150, 160, 183, 186
体験的な活動　18, 47, 48, 74, 75, 83, 84,
　　106, 128
題材　18, 43, 53, 78, 98, 99, 109, 158, 160,
　　162
確かな学力　150
他者理解　174
縦割り活動　159
多文化・異文化との交流　59
多様性　31, 35, 50, 109, 113, 137, 177,
　　180
多様な他者との交流　17, 55, 185
探究課題　183
探究的な見方・考え方　183
地域社会　36, 41, 83, 84, 85, 90, 107, 134,
　　139, 150, 159, 179, 185
地域社会と特別活動の連携　185
チーム学校　114, 185
知識及び技能　10, 13, 146, 183
知識基盤社会　125, 126
調査研究　169, 172, 187, 190
直接観察　188
通学合宿　139
定性的調査・研究方法　188
ディベート　109, 163

定量的調査・研究方法　187
適応　21, 27, 31, 45, 53, 60, 61, 69, 108,
　　128, 170, 172, 173, 174, 176
適応と順応　170
デューイ　42, 43, 57, 71, 173
道徳教育　41, 48, 62, 63, 128, 140, 145,
　　148, 151
道徳性　50, 62, 63, 128, 173
当番活動　27, 158
討論　109, 125, 131, 163, 164
特色ある学校づくり　75, 107
特別活動で育成を目指す資質・能力　8,
　　110, 116
特別活動 tokkatsu の国際化の動向　136
特別活動における「主体的・対話的で深い
　　学び」　17, 18
特別活動における教師の指導・助言
　　110
特別活動における校長の役割　114
特別活動に関する学会・研究会　146
特別活動のあゆみ　124, 127
特別活動の指導法　141, 142, 143
特別活動の授業時数　73, 118
特別活動の授業実践力の向上　146
特別活動の名称（日本特別活動学会の英文
　　名称）　122
特別教育活動　54, 56, 80, 125, 126, 127
特別支援教育　123, 178, 179, 185
特別の教科である道徳　62
特別の教科道徳　62

━━━━━━ナ行━━━━━━

内発的な動機　41
内容の改善・充実　30
仲間集団　156
なすことによって学ぶ　13, 17, 42, 43
日本特別活動学会　120, 122, 143, 145,
　　146, 147, 148
日本特別活動学会英文名称・会員種別検討
　　委員会　122

人間関係　　7, 10, 11, 12, 13, 15, 17, 18, 20, 24, 30, 35, 40, 41, 43, 44, 45, 47, 49, 50, 51, 53, 54, 57, 61, 62, 63, 64, 65, 68, 69, 70, 74, 75, 78, 82, 83, 90, 102, 103, 110, 111, 113, 114, 128, 129, 132, 138, 143, 145, 150, 152, 153, 155, 156, 157, 159, 160, 167, 169, 170, 173, 174, 176, 185, 187

人間関係形成　　7, 11, 12, 13, 15, 17, 18, 40, 41, 43, 44, 45, 49, 51, 53, 54, 62, 70, 129, 138, 143, 153, 185

人間形成　　40, 41, 58, 90, 120, 131, 152, 185

人間形成と特別活動　　40

人間性　　11, 13, 14, 16, 17, 22, 30, 33, 40, 55, 73, 102, 127, 129, 146, 150, 176, 182

人間尊重　　111

人間としての在り方生き方　　62, 74, 177

年間指導計画　　32, 82, 94, 95, 96, 98, 100, 101, 106, 114, 116

年間指導計画（全体計画と各活動の）　　94

年中行事　　152, 186

望ましい集団活動　　7, 44, 46, 47, 57, 117, 129

————————ハ行————————

発達課題　　60, 61

発達障害　　178

発達段階　　48, 55, 60, 61, 83, 100, 107, 139, 151, 176, 181, 183

発達の段階に即した指導　　60

話合い活動　　17, 21, 30, 31, 35, 53, 56, 57, 65, 68, 108, 109, 131, 141, 143, 162, 166

話合い活動（討議法）　　108, 109

パネルディスカッション　　164

ハレとケ　　152

班活動　　133, 135, 157

ピア・グループ　　156

PISA　　8, 125

避難訓練　　37, 80, 81

批判的思考　　151

評価　　13, 22, 23, 26, 29, 33, 41, 59, 95, 97, 99, 104, 105, 106, 114, 115, 116, 117, 124, 126, 129, 136, 140, 143, 145, 147, 171, 178, 187, 188

評価（特別活動の）　　116, 117

ファシリテーション　　166

フィールドワーク　　189

フォーマルグループ　　153

フォロアーシップ　　161

部活動　　72, 73, 86, 87, 101, 123, 128, 130, 134, 138, 141, 159

不適応　　172

不登校　　28, 45, 168, 172, 185

振り返り　　13, 16, 17, 18, 19, 21, 32, 37, 75, 76, 83, 97, 98, 99, 104, 105, 116, 117, 143, 155, 157, 174, 190

ブレーン・ストーミング　　162

文化的行事　　75, 78, 79, 132

防災　　36, 37, 80, 81, 164

奉仕　　75, 82, 84, 85, 90, 91, 128, 132, 133, 135, 183, 186

ホームルーム活動　　24, 25, 26, 27, 32, 33, 68, 69, 70, 77, 83, 98, 99, 118, 143, 145, 155, 171, 177, 184

ホームルーム活動指導案　　98

ホームルーム経営　　24, 25, 145, 177

ホームルーム集団　　24, 154

ボランティア活動　　48, 84, 85, 90, 91, 101, 134, 186

本時の活動　　17, 18, 19, 98, 99, 104, 105

————————マ行————————

学びに向かう力，人間性等　　11, 13, 146

見方・考え方　　6, 16, 17, 18, 20, 21, 35, 41, 63, 91, 112, 116, 117, 129, 182, 183

民族誌（的方法）　　189

めあて　　37, 109, 157, 158

目標設定　　18, 95

モレノ（ヤコブ・モレノ）　　175

197

問題解決学習　43
問題行動　44, 45, 168

――――ヤ行――――

野外活動　82, 115
薬物　80, 81, 131, 133
役割　6, 7, 10, 11, 18, 19, 20, 24, 25, 27,
　　28, 31, 32, 35, 36, 40, 41, 45, 50, 52, 68,
　　69, 70, 71, 75, 88, 89, 94, 98, 105, 106,
　　107, 109, 110, 113, 114, 115, 117, 125,
　　126, 134, 137, 143, 153, 157, 158, 160,
　　162, 165, 166, 167, 172, 175, 176, 184,
　　186, 187, 190

――――ラ行――――

リーダーシップ　94, 108, 161
リーダーシップとフォロアーシップ
　　161
リーダー養成　130
旅行（遠足）・集団宿泊的行事　82
ルポルタージュ　189
礼儀　40, 176
ロールプレイ　175

――――ワ行――――

ワークショップ　165

◆執筆者一覧 （五十音順，平成31年３月現在）

青木由美子	東京都小平市立小平第五中学校
秋山　麗子	神戸松蔭女子学院大学
天野　幸輔	岡崎市立竜海中学校
有村　久春	東京聖栄大学
五百住　満	梅花女子大学
池沢　政子	開智国際大学名誉教授
池島　徳大	兵庫教育大学大学院
池田　幸也	常磐大学
石田　美清	埼玉県立大学
井田　延夫	東京福祉大学
入江　直美	埼玉県毛呂山町教育委員会
上岡　学	武蔵野大学
植田　隆義	大阪府大阪市立南大江小学校
上原　行義	元十文字学園女子大学
歌川　光一	昭和女子大学
梅澤　秀監	東京都立雪谷高等学校
浦郷　淳	佐賀大学教育学部附属小学校
遠藤　忠	宇都宮共和大学
及川芙美子	教育創造研究センター
大久保利詔	福岡県川崎町立川崎東小学校
大塚　昌志	東京都荒川区立第三瑞光小学校
大庭　正美	西南女学院大学非常勤講師
岡邑　衛	甲子園大学
小原　淳一	大阪市立大学大学院（院生）
勝亦　章行	東京都練馬区立関中学校
川本　和孝	玉川大学
木内　隆生	東京農業大学
北村　文夫	元玉川大学
城戸　茂	愛媛大学教職大学院
京免　徹雄	愛知教育大学
清武　輝	福岡県小郡市教育委員会
久保田真功	関西学院大学

倉持　博	日本女子大学・日本大学・東洋大学・國學院大學栃木短期大学非常勤講師
元　笑予	東京学芸大学
後藤　道洋	東京学芸大学附属大泉小学校
佐々木正昭	元関西学院大学
佐藤　真	関西学院大学
佐野　泉	横浜国立大学大学院
佐野　和久	椙山女学園大学
猿渡　正利	西九州大学非常勤講師
重松　司郎	西宮市教育委員会
柴崎　直人	岐阜大学大学院
清水　弘美	東京都八王子市立浅川小学校
下田　好行	東洋大学
白松　賢	愛媛大学大学院
杉田　洋	國學院大學
鈴木　樹	鎌倉女子大学
須藤　稔	國學院大學栃木短期大学
関本　惠一	東京音楽大学
瀬戸　知也	静岡文化芸術大学
添田　晴雄	大阪市立大学
髙階　玲治	教育創造研究センター
高橋　良久	東京都江東区立深川第二中学校
田中　光晴	文部科学省（専門職）
千秋　一夫	大阪府教育推進連盟
富村　誠	京都女子大学
中尾　豊喜	大阪体育大学
中川　昭則	中川教育研究所
長島　明純	創価大学教職大学院
中園大三郎	神戸医療福祉大学
長沼　豊	学習院大学
中村　豊	東京理科大学
成田　國英	日本体育大学名誉教授
西川　幹雄	大阪府河南町教育委員会
西野真由美	国立教育政策研究所

根津　朋実	筑波大学	
野口　博明	福岡県福岡市立堅粕小学校	
橋本　定男	新潟薬科大学	
橋本　大輔	埼玉県さいたま市教育委員会	
長谷川祐介	大分大学	
林　　尚示	東京学芸大学	
林　　幸克	明治大学	
原口　盛次	元慶應義塾大学	
東　　　豊	兵庫県赤穂市立高雄小学校	
平野　　修	熊本市立清水小学校	
本間　啓二	日本体育大学	
眞壁　玲子	東京都小金井市立小金井第二小学校	
鈎　　治雄	創価大学	
松田　　修	大阪成蹊大学	
松田　素行	文教大学教授	
三橋謙一郎	徳島文理大学	
緑川　哲夫	東京学芸大学　順天堂大学	

南本　長穂	京都文教大学	
三村　隆男	早稲田大学	
宮内　有加	東京都中央区立明石小学校	
宮川　八岐	元文部科学省	
美谷島正義	東京女子体育大学・東京女子体育短期大学	
森嶋　昭伸	元日本体育大学	
森田　常次	東京都教育庁	
矢澤　　雅	名古屋学院大学	
安井　一郎	獨協大学	
山口　　満	筑波大学名誉教授	
山田　忠行	創価大学	
山田　真紀	椙山女学園大学	
吉田　武男	筑波大学	
米津　光治	文教大学	
脇田　哲郎	福岡教育大学教職大学院	
和田　　孝	帝京大学	
渡部　邦雄	東京農業大学	

三訂　キーワードで拓く新しい特別活動
平成29年版・30年版学習指導要領対応

編集委員会

会　　　　長	長沼　　豊
副会長・委員	佐々木正昭
委　　員　　長	鈴木　　樹
委　　　員	木内　隆生
委　　　員	中村　　豊
委　　　員	橋本　大輔
委　　　員	林　　尚示
委　　　員	森田　常次
委　　　員	渡部　邦雄

三訂　キーワードで拓く新しい特別活動
平成29年版・30年版学習指導要領対応

2019（令和元）年 8 月31日　初版第 1 刷発行
2024（令和 6 ）年 9 月13日　初版第 3 刷発行

編　　　者：日本特別活動学会
発 行 者：錦織　圭之介
発 行 所：株式会社　東洋館出版社
　　　　　〒101-0054　東京都千代田区神田錦町 2 丁目 9 番 1 号
　　　　　　　　　　　コンフォール安田ビル 2 階
　　　　　代　　表　電話：03-6778-4343　FAX：03-5281-8091
　　　　　営業部　電話：03-6778-7278　FAX：03-5281-8092
　　　　　振替　00180-7-96823
　　　　　URL　https://www.toyokan.co.jp
印刷製本：藤原印刷株式会社
装幀・本文デザイン：中濱健治

ISBN978-4-491-03679-3　　　　　　　　　Printed in Japan